慈悲

達賴喇嘛的人生智慧 8

THE WISDOM OF COMPASSION

Stories of Remarkable Encounters and Timeless Insights

達賴喇嘛、維克特・陳——著
朱衣——譯

作者簡介

達賴喇嘛（His Holiness the Dalai Lama）

第十四世達賴喇嘛是西藏人民的精神領袖。他對人權和世界和平的不懈努力，已廣為國際認可。曾榮獲華倫柏格榮譽人權獎、史懷哲人道主義獎、國會金質獎章及諾貝爾和平獎。

維克特・陳（Victor Chan）

《西藏手冊：朝聖指南》的作者，曾與達賴喇嘛合著《達賴喇嘛的人生智慧：寬恕》一書。二〇〇五年時，於溫哥華與達賴喇嘛共同創立「達賴喇嘛和平與教育中心」。

譯者簡介

朱衣

都會女作家。

作品包括《前中年期浪漫族》、《在戀人與非戀人之間》等數十種。並譯有《別為小事抓狂》、《達賴喇嘛人生智慧》系列心靈勵志書籍。

目前居住紐約，從事教育工作。

達賴喇嘛的信念

維克特・陳

每天早晨，達賴喇嘛都在三點半醒來，這個習慣已經持續了五十多年。起床快速的淋浴後（他不喜歡大量用水的沐浴），便開始井然有序的例行祈禱和靜坐冥想，這樣大約持續五小時，為新的一天「修正動機」。他很感恩自己還活著，把分分秒秒都當作是寶貴的機會，敞開心胸，並在自己的能力範圍內盡最大努力為他人服務。他提醒自己，對所有人只能心存善念。

大部分的晨間時刻，達賴喇嘛冥想的主題是利他之愛與慈悲心。「心存關懷，」他說：「真誠關心別人的困難和痛苦，與他人建立親密、溫暖的感情。而且，不是僅限於對自己家人和親密的朋友，還有所有人，包括你的敵人在內。」他將希望每個人都能免於痛苦、擁有真正幸福這樣的想法加以內化。為達到這個目的，他自我鍛鍊超過十萬小時，直到慈悲成為刻骨銘心的概念，有如被油浸潤的布般地毫無縫隙。而且因為持續不斷地冥想慈悲心，對他身心有明顯的助益。

達賴喇嘛認為，**人生的目的是要幸福快樂**。經過多年堅持不懈的努力，在三十二歲那年，他對慈悲心有所了悟。「從那時起，我的心開始熟悉慈悲的感覺，那種感覺非常強烈。通常當我反思利他心態的意義和益處時，就不覺泫然欲泣。」達賴喇嘛已經擁有一種關鍵性的洞見：培養慈悲心，最終是為了獲得自己的幸福。他稱此為「聰明的自私」。

「幫助別人並不意味著要自我犧牲，」他說。「諸佛及其他眾生都極為睿智。縱觀其一生，他們所想的只有一件事，即實現最終的幸福。要如何做到這一點？就是無私奉獻，培養同情心。**在關心他人時，自己是第一個受益者——他們會先獲得最大的幸福**。他們知道要擁有幸福的生活，最好的辦法是去幫助別人。這就是真正的智慧。」

根據神經科學的最新研究顯示，當心中充滿慈悲，深切關心他人的福祉時，左側大腦前額葉皮層很明顯地更加活躍，這充份證明了積極的情緒如幸福、熱情、知足，會貫穿我們的身心。但這對達賴喇嘛而言毫不稀奇。他早已說過，如果你希望別人快樂，必須慈悲：如果你希望自己快樂，也必須慈悲。

這本書旨在講述慈悲的智慧，以及對他人持續不斷地付出關懷，會引領我們得到根深蒂固的幸福。本書以獨特的方式，一窺達賴喇嘛如何實踐和訓練慈悲心。這是達賴喇嘛的現身說法，猶如現場脫口秀般，魅力令人無法擋。透過來自世界四大洲不同人物與他之間的互動故事，逐步指引讀者如何培養幸福與快樂。

這本書分成三部分，分別為：慈悲的思想（「克服逆境」）、慈悲的言語（「心靈的教育」）和慈悲的行為（「慈悲的行動」）。

在「克服逆境」中，達賴喇嘛和病童、釋囚以及北愛爾蘭衝突的受害者談話。他傾聽那些令人心碎的故事，並闡述擴大自己的視野可以幫助我們應對挑戰。

實踐慈悲已經超越了關懷的思維。達賴喇嘛鼓勵我們，在學校裡要全方位學習，除了追求學術上的成就，還要融入同情和利他的價值觀。在「心靈的教育」中，他和高中生分享如何在一生中培養慈悲種子的想法。他認為，大部分問題產生的根源不是外在的原因，而是來自我們的內心。憤怒、執著和無知是造成不幸的真正來源。

如果我們是慈悲的，就會很自然地想要積極幫助別人。在「慈悲的行動」中，達賴喇嘛和來自印度、非洲的頂尖社會企業家，以及為弱勢團體爭取權益的社會運動者們會面。對於他們創新且高效率的方法，他留下了深刻印象，也分享了個人發揮慈悲心的故事。

我希望藉著這些故事能對「誰是達賴喇嘛？」這個問題提供一個小小的貢獻。這些故事所蘊藏的洞見，無論是來自達賴喇嘛本身的言詞，或與其他人特殊的互動方式，都能提供簡單的線索，幫助我們過著更充實圓滿的生活。

譯者序

心靈綠洲

朱衣

從二〇〇五年翻譯完《寬恕：達賴喇嘛的人生智慧》一書，轉眼匆匆九年過去了。在這九年當中，我離開了台北，離開了翻譯工作，來到紐約進入了教育界工作。往日似乎已經離我很遠，但總有一些讓我在心中默默關心的人，達賴喇嘛便是其中最閃亮的一顆星子。

這些年中，偶爾，會在紐約的公車上看到達賴喇嘛的橫幅廣告，看到他微微笑地看著我，彷彿在告訴我：我到紐約了。或者，無意間經過時代廣場，看到他的巨幅人像依然神采奕奕，便知道他老人家過得很好。儘管如此，我卻從來沒有鼓起勇氣參加任何一場他的演講活動。

我只是，把他的話語藏在心中，期待有一天能默默的努力去實踐。譬如碰到頑皮的學生，便告訴自己要學習寬恕，要有慈悲心。或是目前的工作要面對許多恨鐵不成鋼的父母，就更需要高超的耐心與愛心。但是在窘迫緊張的工作環境中，我常常失去了耐心與愛心，更別提寬恕與慈悲等等美德。我知道我需要一片心靈綠洲，需要一個重溫美好感受的心靈角落。於是，達賴喇嘛的這本書《慈悲》，就神奇地出現在我面前。

在翻譯的過程中，我重新學習了達賴喇嘛的智慧。他說：「我認為每一天，每天早晨我們如同新生一般。因此，所謂新生兒，就是只要存在著友善的氛圍，那裡就會是我們的家。所有事情都是相對的，沒有絕對。」原來如此，只要用嬰兒般柔軟友善的心面對與你習習相關的世界，再大的困難相信都會迎刃而解。他還說：「整個世界就是一體。一切都是我的一部分。了解這一點，有助於減少負面情緒。仇恨來自於我們不懂得感恩相互依存的關係。痛苦來自於我們不明白相互依存的重要。」那麼，在處理人際關係時，能夠站在對方的立場來思考，是否更容易將心比心，也比較容易化解彼此的衝突？

最重要的是達賴喇嘛說：「真正的幸福快樂來自於心靈的平靜。獲得幸福快樂唯一的辦法是利他，是慈悲。」所以不要計較金錢名利，不要計算利害得失，因為那些都不能帶來幸福快樂，只有為人付出，關心別人的福祉，才能找到心靈的平靜與快樂。

這本書中有太多精彩的故事與片段，讓我深思，讓我獲得激勵，能夠重新面對生命中難解的謎題。愛因斯坦曾經寫過：「每個人都是整體的一部分，這個整體我們稱之為『宇宙』，屬於有限的時空的一部分。他自己在體驗，他有想法和感受，好像與其他一切無關，這是一種意識的錯覺。這種妄想是一種監獄，限制我們只向最接近我們身邊的少數人表現渴望和感情。我們的任務是擺脫這種監獄，擴大我們發揮慈悲心的圈子，擁抱所有的生物和整個宇宙的美麗。」他的理念與達賴喇嘛不謀而合。他們都是偉大的心靈，提供我們神奇的智慧，讓我們在這片心靈綠洲徜徉徘徊，汲取力量，讓我們心存善念，讓生命彼此相連，成為一種美麗的可能。

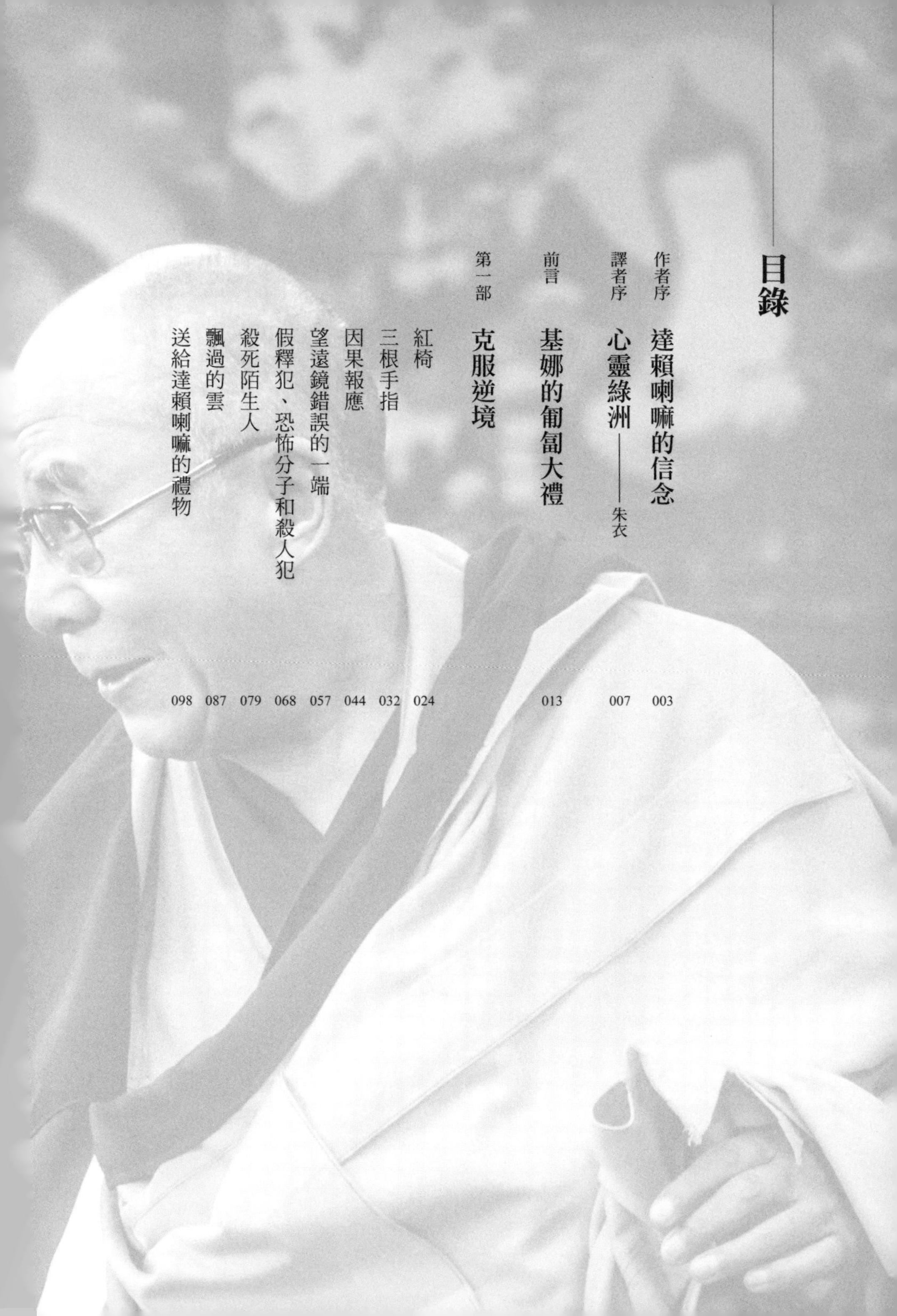

目錄

第二部　心靈的教育

第三部　慈悲的行動

基娜的匍匐大禮

真正的慈悲並非根基於我們自身的投射和期望，而是要站在他人的立場著想：不論那個人是親密的朋友還是敵人，只要他期許和平與幸福，也希望克服苦難。在此基礎上，我們對於他／她的問題，便能真正心存關懷。如果你希望別人幸福快樂，必須慈悲。如果你想要幸福快樂，也必須慈悲。

——達賴喇嘛

當一名戴著墨鏡的男子靠近時，達賴喇嘛的臉上露出了光彩。他立即站起來，走到舞台的邊緣，伸出手對理查．摩爾（Richaed Moore）說：「這裡，這裡，再走一小步。小心，小心。」他說著邊抓住那個男人的右手，引領他走上較低平台的椅子邊。

「舒服嗎？」他問道。

「非常舒服。」摩爾說。這個愛爾蘭人穿著簡單的黑色風衣和休閒褲。他大概四十多歲，淺棕色的頭髮有點稀疏。

與寬恕使他的內心感覺更幸福快樂。他是我的英雄。」

我認識達賴喇嘛四十年了。我四處追隨他，參加許多他的演講和對談。我看到跟隨在他身邊的學生、搖滾明星、慈善家和乞丐。多年來，我已經熟悉、也喜歡上他以獨特的方式運用英語來說明觀點，以及他與人親密互動的方式。我毫不驚訝他會與理查．摩爾這個在年輕時遭受慘重損失的人做朋友。

然而，我從來沒有聽過達賴喇嘛稱呼其他人為他心目中的英雄。

第一次會見達賴喇嘛是在一九七二年。這次的會面緣於一場突發事件：我被綁架了。時間是那年的年初，地點是在阿富汗的喀布爾。

從加拿大大學畢業後，我在烏得勒支買了一輛二手休旅車，把車子塗成迷幻的紫色，一路開到阿富汗。在喀布爾的一個背包客棧，我遇到了雪莉．克羅斯比（Cheryl Crosby），一個而立之年的紐約客。我們跟一位年輕的德國旅人瑞塔在一家茶店喝茶，三名阿富汗男子拿著槍綁架了我們。在昏天黑地的隆冬，我們被驅趕到帕格曼，阿富汗國王在興都庫什高地的在新德里一間飯店的小型會議室中，達賴喇嘛清了清嗓子，在光頭上好好地抓了一陣子，然後對著他面前坐成數排的四十多名人道主義者開始說道：「我剛認識理查時就知道他的故事了。在他十歲時，一名英國士兵開槍射殺他，橡皮子彈打到這裡，」這位西藏精神領袖指著自己的右眼。「他瞬間喪失視力，昏了過去。等他醒來時，已經躺在醫院裡。他的第一個想法是：我再也看不到媽媽的臉了。」達賴喇嘛把手放在胸口說：「非常感人。」

我身為二〇一一年達賴喇嘛與全球四大洲傑出民運人士對話的創立者之一，我想，讓他在舞台上花一些時間談論理查·摩爾，是有其必要的。二〇〇〇年，在北愛爾蘭德瑞舉行的會議上，他倆第一次見面，我曾親眼目睹他們之間所產生的化學反應。當時，達賴喇嘛一直好奇地想知道理查·摩爾花了多長時間才克服視力損失造成的創傷。「過了一晚，我就學會了以不同的方式看待生活。」這個愛爾蘭人這樣告訴他。隨後，達賴喇嘛又問他對槍殺他的那個人有何想法。摩爾毫不猶豫地回答：「打從一開始，我對那個士兵就沒有恨意。」

「沒有恨意，太感人了。」達賴喇嘛以欽佩的語氣對新德里的組員說：「我認為理查充份發揮了人類最基本的善良本性和智慧，這用不著太多的學習或鍛鍊。雖然他再也看不見了，但憤怒也永遠無法回復他的視力，仇恨從來就無法挽回任何東西。相反地，更多的慈悲

夏宮所在地。我們出奇的好運，三天後設法逃脫了。當時綁匪開車載著我們離開小村莊，那台老舊不堪的達特桑休旅車在冰雪封凍的蜿蜒山路上翻車了。大家掙扎著下了車，跑下山，設法搭上一輛卡車回到喀布爾。

這個慘痛的經歷過後，我和雪莉決定一同前往印度。原來，她透過在紐約的關係拿到一封謁見達賴喇嘛的介紹信。那是一九七二年三月的灑紅節（我們搭上前往達蘭薩拉的公共汽車，還有餘暇投擲幾枚裝滿彩色水的小氣球），我們已確知可以到這位西藏精神領袖的家去謁見。

那次的偶遇有幾件事至今難忘。我清清楚楚記得，達賴喇嘛看到我的模樣時一直不停的咯咯笑著。蓬頭垢面的我長髮及腰，穿著一身黑：繡花襯衫，破舊的天鵝絨褲子，長及腳踝的摩洛哥斗篷不停的晃動。那時達賴喇嘛的英語還不太流利，他和雪莉交談時，祕書需要居中翻譯。我只脫口而出問了一個問題：「你恨中國人嗎？」他在椅子上坐直身體，第一次用英語大聲的說：「不，我不恨中國人。」然後他的祕書翻譯說：「尊者認為中國人是他的兄弟姐妹。」

二十二年後，一九九四年，在倫敦，我第二次會見了達賴喇嘛。我獻給他一本最新出版的西藏指南，一千一百頁的西藏朝聖指南，這是我花了十年時間的研究作品。

第三次會見這位西藏精神領袖是在一九九九年，地點在印第安納州。

在印第安納的波利斯體育館，他一個人走上舞台。他俯下身子，幾乎是整個人都彎了下來，走到舞台中心。他舉起一隻手掌到臉的高度，與地面呈垂直角度，這是傳統的佛教問候方式。他向觀眾鞠躬，先是向左邊，然後右邊，然後向正前方。四、五百人大聲鼓掌。他將在這裡發表演說，接著要轉到布盧明頓主持時輪金剛灌頂法會，那是為時十一天的佛教儀式，目的在促進世界和平。

印第安納波利斯市長及州長對達賴喇嘛表示歡迎。他送給他們白色絲巾，仔細地為他們圍在脖子上，這是藏族傳統的問候禮。然後他踏上講台。他正準備走到麥克風前時，猶豫了一下，然後向在舞台旁邊的人示意。他的私人祕書，哲童丹增格且（Tenzin Geyche Tethong），一名穿著灰色藏袍的中年男子走了出來，遞給他另一條白色圍巾。達賴喇嘛拿著圍巾走到舞台邊。他彎下腰，臉部幾乎快碰到腳上穿的棕色牛津鞋。手語譯者就站在他下方，達賴喇嘛將圍巾繞在那人的脖子上。當他雙手碰觸那位女士驚訝的臉龐時，對她微微地一笑。然後他直起腰來，走回講台。

出乎意料的，我居然流下淚來。

對於自己的反應，我驚訝莫名。我的大半生都受到中國文化和教養的影響，情緒受到嚴格控制。我很難明白此刻發生了什麼事：眼淚從何而來？為何如此意外地淚流滿面？

在布盧明頓的法會快要結束時，我被告知達賴喇嘛要見我們全家人。在約定的時間，達賴喇嘛的侄子，丹增塔科拉（Tenzin Taklha）過來帶我們進入謁見室。達賴喇嘛站在門邊等待。在達賴喇嘛面前，我決心遵循敬拜的禮儀——全身匍匐在地叩首三次。當我專注於這陌生的儀式時，我的妻子蘇珊也做了同樣的動作。

當我站起來，我注意到達賴喇嘛自顧自地笑著。在我腳邊，我看到基娜，我的三歲女兒，也匍匐在地，手臂盡量往前伸。她從容不迫地站了起來，雙手合十，按順序從額頭、喉嚨再放到胸口。然後她再趴下來，完成第三次、也是最後一次的禮拜。基娜從來沒有這樣做過，但看得出來她對這套儀式已經滾瓜爛熟了。她就像一個有經驗的和尚，精準而優雅地完成了大禮。我偷瞄了蘇珊一眼，她的眼裡飽含淚水。我的大女兒，六歲的麗娜，笨拙地站在一旁，眼睛盯著地板，她似乎對家人表演的噱頭感到尷尬。

在布盧明頓的會面是我人生中的另一個分水嶺。正是在那裡，達賴喇嘛同意與我合著一本書《寬恕》。雖然是我先提議，但出乎我的意料，他爽快地答應了。

從那時起，十多年來，我很幸運地可以到達賴喇嘛的家做長時間的採訪，跟著他一起走遍北美、歐洲、亞洲，甚至北極地區。我的額外收穫是有機會遇見許多追隨達賴喇嘛的傑出人士，並參與了有益一生的會談和對話。

多年來我經常在想，達賴喇嘛透過無數的途徑，接觸到這麼多的人，他對全世界到底有多大的影響力。以印第安納波利斯那個令人好奇的時刻做例子。我和家人開著那輛一九八二年的威斯特法利亞野營車（是的，又是另一輛休旅車），從加拿大溫哥華趕來參與盛會。那是段漫長又乏味的旅程：車子出狀況，中西部地區的酷暑，長時間開車。我們終於抵達這個城市，從達賴喇嘛住處拿到免費入場券。我遲到了，全身酸痛，坐在體育館一個居高臨下的座位上。達賴喇嘛離我很遠，我只能隱約看出他的身影。然而，即便他一言不發，光是他的態度，他的表現，已經對我產生巨大的影響。

達賴喇嘛以不同的方式影響著人們。許多人去參見他，因為他們很好奇，因為他是一個全球名人而受到吸引。或者期待他的教誨能幫助他們過著更充實的生活。

也有人並不欣賞達賴喇嘛。在洛杉磯威爾希爾大道上一座猶太教堂的洗手間裡，我無意中聽到兩名商人交換的心得，當時他們剛剛聽完達賴喇嘛的教誨。他們不屑一顧，認為談話內容過於簡單，不如他們的預期。在另一個場合，達賴喇嘛在奧斯陸舉辦為期一天的法會。我走進禮堂時已經遲到十分鐘，看到一對夫婦衝出來要求退費。

但我也遇到了許多人只因為看到他而感動得淚流滿面。有些人在他經過時設法握住他的手，而感到強烈的喜悅。另一些人則驚訝於他那直指人心的洞察力如此法力無邊。

二〇〇〇年，我陪同達賴喇嘛前往北愛爾蘭貝爾法斯特，在那裡他第一次遇見理查・摩爾（Richard Moore），他稱作英雄的人物。他面對一大群天主教徒和新教徒演講，這兩個基督教社區多年來一直衝突不斷。他對他們說：「當人的情緒不受控制，大腦做判斷的那個最佳部分就不能正常運作。盡量減少暴力，不要透過武力，而是經由認知和尊重。通過對話，考慮別人的利益，分享自己所有，這樣就可以解決問題。」

然後達賴喇嘛問群眾：「這樣有用嗎？如果有用，請記住，而且要去實踐。如果你覺得這太理想化了，不實用，那就算了，沒關係。」

我認為這是他談話的實際結論。達賴喇嘛不會幻想他的話語，可以輕鬆解決棘手且已持續好幾世代的衝突問題。但他明白，他能夠使人們團結，激勵他們努力不懈，這就是有價值的貢獻。能夠將幾十年來一直爭戰不斷的兩個社區聚集在一起，讓一位新教牧師和一名天主教神父站在他兩旁，這件事本身就意義非凡。

達賴喇嘛的智慧來自七十年來孜孜不倦的磨礪，每日修行和長時間的閉關靜坐。他訓練自己從全知的觀點來思考，包括佛教教義，包括自己的反思，而非是刻板的教條。藉此自我激勵保留有用的觀點，放棄那些他從經驗得知但卻毫無用處的想法。

達賴喇嘛要傳遞的主要信息是，我們的人生目標是要幸福快樂。他說，實踐慈悲是達到幸福的路徑。他說：「所有的人，即使是與我們敵對的，也同樣是芸芸眾生者，每個人都害怕痛苦，希望幸福。他們也有權不受苦，獲得幸福。這種想法能讓我們深切關注他人的福祉。這正是真正慈悲的基礎。」

但是，「慈悲」就像「和平」一樣，已淪為一種老生常談，流於口惠，失去了效力和共鳴。這本書將重點放在慈悲的基礎本質，最起碼，它的力量能提醒我們做正確的事。達賴喇嘛一生時時刻刻都關注慈悲的本質，這也是他希望向世界傳達的核心信息。

達賴喇嘛的話語在指引我們如何活得更快樂，過著更有意義的生活。他所說的話大多是簡單而日常的美好意識。無論是成人或兒童，知識份子或文盲，富者或窮人，他要所有人都強化慈悲心，以此達到真正的福祉。他的榜樣向我們顯示了如何提升內心的平和，也希望我們將慈悲化作實實在在的行動。

第一部　克服逆境

外在情況並非是造成我們痛苦的主要原因。
會造成並允許痛苦的是無法控制的內心。
我們心中出現自以為是的情緒會導致錯誤的行為，
這些情緒和惱人的觀念也會遮蔽自然純淨的心靈。
這種欺騙的力量促使我們採取錯誤的行動，
從而不可避免地導致痛苦。
我們需要極大的覺悟和關懷，以消滅這些有問題的態度，
才能撥雲見日。
消除了自以為是的態度、情緒和觀念，
有害的行動自然也會隨之消失。

——達賴喇嘛

紅椅

在露天陽台欄杆旁，達賴喇嘛的腳邊有一盆植物。盆裡有一束粉紅與紫色相間的塑膠花，映襯著綠色塑膠葉片，種在土壤裡，看起來就像真的一樣，並與後方陡峭的棕灰色懸崖形成鮮明的對比。這裡是斯皮提山谷的邊界，空氣稀薄，色彩單調，與世隔絕。在我觀看之際，一陣風吹過，花瓣開始顫動，綠色枝幹輕輕搖擺。不久，花朵前後俯仰，彎向盆子的一邊，然後再彈回來。幾分鐘後，一陣強風來襲，從基寺（譯註：在斯皮提山谷中最大的一座寺廟，也是該地區藏傳佛教中心）錯綜複雜的狹窄走廊和山谷東邊的城牆呼嘯吹過。

一個巨大的黃栗色條紋遮陽棚一直掛在陽台上，以保護達賴喇嘛在主持著名的時輪金剛灌頂法會時，不會被斯皮提山區的烈陽曬傷。突然一聲巨響，厚厚的帆布被撕裂開來。棚子從兩邊用繩索固定住的邊角整齊地裂開，遮陽棚不再被束縛，狂野地在風中翻飛拍打著。現在，達賴喇嘛孤零零地站在那兒，身後便是山頭積雪、貧瘠的斯皮提山區。

彷彿一個巨大的拳頭捶打在遮陽棚上般，棚子墜落下來，掉在大陽台下方，差點砸到一批聚集在那裡的西藏僧侶身上。藏族工作人員趕到陽台邊，俯身到欄杆外，並試圖抓住搖搖欲墜的繩索。一位穿著明亮藍色襯衫、把自動步槍背在身上的印度警衛，也趕到帆布棚掉落之處。

我低頭看著陽台下面的廣大群眾。兩千名藏族僧侶和尼姑身著褐紅色長袍坐在數百名西方人之間，那些人是遊客、好奇的追隨者，以及藏傳佛教的學生。在他們周圍的是香客，大多數是藏族，來自周邊的拉達克、扎斯卡和金納爾等地區。每個人都著魔似地看著那個男子撲倒迴旋翻飛的彩色帆布棚。我眼角餘光瞄到有個東西，像隻白色細長的鳥漂浮在僧侶的上方。有一名僧侶仍然保持著蓮花坐姿，從挎包內拿出了哈達——白色禮儀圍巾，弄皺成一個球狀扔向人群。在大風中，它優雅地飄浮著，跟那瘋狂翻飛的帆布棚成了強烈的對比。一位有著長長山羊鬍子的僧人抓住飄過來的哈達，然後扔到更遠處。在那瞬間，彷彿被一條無形的線所牽引，數百條柔軟的絲巾劃過天際，在一片紅色僧侶服的上空，形成一條閃閃發光、千變萬化的白色網絡。

但是，達賴喇嘛全神貫注地誦經。遮陽棚撕裂的巨大聲響，厚重的繩索在他面前瘋狂地搖擺，哈達在他下方漂浮，這些他都無動於衷。

充份的理解，才能明白這些儀式。」

達賴喇嘛接著向與會者強調，要把握法會的要領並不容易，也告訴他們不要太擔心。基本上，他相信時輪金剛對世界有益，而灌頂法會正確的動機，以及真正的靈性和積極正面的經驗亦會有所貢獻——至少來參加的人都能獲得心靈的平靜。而且，時輪金剛灌頂法會對當地的生態環境和區域也會產生正面的影響。

時輪金剛大法的核心是宏偉的曼陀羅，這是由一群西藏僧侶日以繼夜地工作後，所精心創造出來的彩砂畫。它是以圖形表現容納了七百二十二位佛陀的一個假想城堡，表現出潛意識和現實的不同世界。這些佛陀的任務是要創造一個美好的氛圍，以幫助減少世上的緊張局勢和暴力。在時輪金剛灌頂法會期間，達賴喇嘛要求參與者想像自己有如諸佛跟著他一起進入曼陀羅的象徵世界。他充當嚮導，為大家說明錯綜複雜迴廊上的圖像與神祇，乃代表著生生不息的存在。當內在的精神層次提升高時，參與者的內心就會潔淨如新生兒，因為佛陀的種子已經深植在他心中。

「在時輪金剛灌頂法會期間，我希望你們記住一件基本的事情。」達賴喇嘛告訴群眾：「我們都希望幸福快樂。沒有人願意受苦。如果在行動和心中都保持這樣的想法，那麼對你將是一件好事。」

詭異的風暴過後，達賴喇嘛和追隨他的西藏僧侶走進曼陀羅砂堡，其後是一面牆，掛著三幅色彩鮮豔的巨大絲綢捲軸，上面畫有佛像。達賴喇嘛轉走到一個有遮棚的桌前，在這個平台上準備建立彩色沙曼陀羅。在時輪金剛灌頂法會開始之前，他必須先執行「祝福地面踏腳」儀式，這是一個紛繁複雜的過程，也是一個重要的淨化儀式。

在眾僧和諧的誦念聲中，達賴喇嘛以精準的姿勢圍著桌子「舞」了一圈。他的手中握著舉行儀式的鑾鐘和短劍，手臂朝後方轉，在空中畫出大圓圈。與此同時，他高高抬起左腳準備重重地往右腳前方踏下去。在表現這誇張的交叉步法時，他的身體有點搖搖晃晃。回復平衡後，他又再做了一次，這次換右腳抬高。我知道每次抬起腳時，達賴喇嘛都在想像三道尖尖的匕首出現在他的鞋底。而每一次，當他用腳踩在地面上時，想像中的憤怒神祇就會從匕首出來制伏邪惡的力量。依循踏步的過程，他慢慢完成了在桌邊繞佛的儀式。在這個過程創造了一個無形但固若金湯的圓圈，清除了空間中的惡性土靈。我盤腿坐在小小的沙堡聖壇中，傾聽其他五十名僧侶的鏗鏘頌唄。

我被達賴喇嘛親自主持的這個淨化儀式給迷住了。雖然以前也聽說過很多次，但這是我第一次親眼見證。光線更令我目眩神迷，身處海拔一萬兩千六百英尺的高度，那是前所未有的美麗空靈。山的柔和光影穿透黃色窗簾，進入寬闊的曼陀羅沙堡聖壇，飄逸而溫柔地籠罩住達賴喇嘛和他周圍的人們。

然後，我開始感到痛苦了，那是身體的疼痛，這種專心靜坐冥想時的剋星突破了我的心防。對我來說，盤腿坐在地板上即使只有一小段時間，都是難以忍受的痛苦。現在，我屈膝著，膝蓋與耳朵平行，之前我的手還緊緊抓住膝蓋，指關節都變白了。我駝著背、弓著腰，脖子盡量向前伸，以盡量保持平衡。誦經，甚至是很罕見到的儀式舞蹈，這些事都已不再能撫慰我。我蠕動、扭腰著，嘗試用不同的姿勢，並在腦海裡拼命設想各種方式來減輕疼痛。我的專注和平靜消失了，而坐在我旁邊的僧侶則紋風不動，無視於我正墜入私人地獄中。

達賴喇嘛瞥了我一眼，向僧侶服務員帕爾喬拉（Paljor-la）簡短的說了幾句話，那人便悄悄溜出聖壇。當他回來時，拿著一把紅色的折疊椅。他把椅子遞給我。起初，我還是坐在地上，把椅子推開一點，但轉念一想可能坐著會更好。我知道我還可以交叉盤腿再多坐幾分鐘，但那也是撐不了多久就得離開這房間了。我僵直地站起身來，坐在椅子上。我的頭部和肩膀高過了所有的僧侶，坐在那兒就像一根礙眼的大姆指。我非常尷尬，也感到自愧不如。達賴喇嘛注意到我的痛苦，並想辦法為我解圍。他敏銳地覺知人類的苦難，而且對於周遭的一切能作出精準的判斷。他的慈悲「雷達」始終處於活動狀態，即使在進行一個重要又複雜的全天候儀式中也不例外。

三根手指

在鹽湖城兒童醫院，兒童重症病房中心是一個塞滿高科技儀器的機動性單位。各種重症兒童圍坐在折疊椅上，醫生和護理人員擠在他們中間。有幾個孩子剃了光頭，有些人還吊著點滴。

在前排，兩個將近青春期的女孩坐在一起。她們為今天的活動打扮了一番。其中一個金髮碧眼的穿著一件粉紅色洋裝，很流行的高跟鞋。坐她旁邊黑頭髮的那位，穿著黃色的褲子，嚼著口香糖。一個大約十二歲的矮胖男孩，坐在她們右邊，吊著點滴。他的雙手抓著掛在胸前的即可拍拋棄式相機。

達賴喇嘛笑容滿面地坐在他們面前。他抓著椅子扶手支撐住，然後盡量往前湊近身子，好像想把椅子推前以便更靠近聽眾。「首先，大家好，」他對著大約三十位孩子們說：「你以前可能沒看過我，但是，用不著彼此介紹，我們都了解對方。我們都是相同的人。」

他晃了晃頭，那是印度人的風格，他們在表示同意時會略微晃動頭部。在印度居住超過五十年後，達賴喇嘛在這個寄居的國家已經感染了當地居民特有的一些習性。

「但我們還是有些細微的差別，像是鼻子的顏色或大小，是不是？」達賴喇嘛摸著臉頰，然後抓住鼻子。他指著坐在前排的一個女生。「還有髮型。」她有一頭捲髮。他急切地把自己從椅子上半推出來。

「每當我遇見一位陌生人時，我會覺得我們早就相識，不需要介紹。」達賴喇嘛繼續說：「我們在某些情感層面上都是相同的。我看到了微笑，牙齒。我們之間是沒有任何障礙的。因此，我們應該放開心胸接觸他人，認知到每個人就跟自己是一樣的。因此，我想向大家打招呼，問候你們。」

這是達賴喇嘛的特質，他強調他對所有接觸到的人都一視同仁。真實的情況其實還更細緻入微。在溫哥華的一次活動上，我看到他花了寶貴的時間與賴瑞合照，那是一個無家可歸、肥胖臃腫，還穿得一身破爛的男人，為了能有機會見到達賴，他已經等候了四小時。當他倆握手時都堆著滿臉的笑容。還有一次，在卡爾加里一間酒店外，他聽了一個乞丐訴說自己的故事。當他們告別時，那個男人嗚咽啜泣，無法自已。達賴喇嘛經常不顧警衛的保護，衝入來見他的人群中，和老年人、殘疾人或生病的人說幾句安慰的話。毫無疑問地，他只是很自然地、本能地去接觸那些最需要他的人。

「你們還年輕，人生才剛剛開始。」達賴喇嘛對著這些病人說。他顯然是因為他們在場而顯得活力十足。「你們當中有些人在生理上有點複雜，但基本上我們每個人都有相同的大腦，同樣的潛力，所以不應該有不自在的感覺。」

坐在達賴喇嘛右邊的是醫院院長，潘密拉・阿特金森（Pamela Atkinson）。一位高貴的女士，頭髮花白，穿著格子裙，搭配一件醒目的紅外套。她開始告訴達賴喇嘛一些病房裡的事。

「有的孩子在這裡做癌症治療，有些孩子感染不同的疾病，還有個男孩在這裡做心臟移植手術。」阿特金森說。直到這一刻前，達賴喇嘛還維持著到他一貫愉悅快活的神情，面帶微笑，一臉輕鬆。但當他聽到「心臟移植手術」時他的身體僵硬了一下。他緊盯著面前的孩子，臉上出現了之前沒有的強烈表情。他的眼睛還是盯著孩子們瞧，但頭朝阿特金森的方向湊近道：「嗯？」

「這裡有一個男孩要做心臟移植手術……等到有心臟可以用的時候。」阿特金森重複說道。

達賴喇嘛粗短的眉毛向上微抬，額頭的紋路變暗變深了，沿著他的整個額頭往兩旁延伸，越過了光頭，直達左右兩側的耳朵上方。表面上看來，除了眉毛稍微揚起之外，他的臉上並沒有任何變化。但現在是一個非常不同的達賴喇嘛坐在我們面前。在一瞬間，微笑的面孔不見了，轉化成充滿著豐沛的能量，就好像是生命中所有的力量，已被召喚而出且充分表現在臉上。他的頭開始非常輕微地不停點著，像個節拍器。

我從來沒見過這樣的達賴喇嘛。在我與他一起旅行的途中，一次都沒見過。我首先想到的是：這就是慈悲心的模樣。我的第二個想法是：真令人吃驚，他可以在瞬間將這種力量和情感完整而充分地顯現在臉上。對於男孩的困境，他能如此深刻且明確地感同身受。深厚廣袤的慈悲完全超出我理解的範圍，那是發自心靈深處，且清楚明確呈現在臉上的一種模樣。我被震懾住了。

我隱約聽到阿特金森說完有關病房的描述，「……不同類型的疾病和診斷，」她說著：「孩子從不同的州到醫院來，他們並不是都來自猶他州。」達賴喇嘛的臉變得柔和了些。他開始環視房間，輕微點頭的狀態停止了。咒語破除了。

「閣下，孩子們想問你一些問題，可以嗎？」阿特金森問。

「可以，沒問題。」他答道。

一個站在靠近房間後面，大約十二歲的男孩說道：「我的名字是馬修。我們當中有些人已經離家相當長一段時間。你遠離西藏這麼久了，是如何解決思鄉之愁的？」

「藏族有一種說法，」達賴喇嘛回答：「『心之所在，家之所在，只要你有賓至如歸的感覺，那就是你的家。』所以只要心裡的感覺或周圍環境非常好，我就有賓至如歸的感覺。也許這牽涉到更深的哲學觀點。我認為每一天，每天早晨我們都如同新生一般。因此，所謂新生，就是只要存在著友善的氛圍，那裡就會是我們的家。所有事情都是相對的，沒有絕對。所謂相對就是……」

達賴喇嘛伸出左掌高舉齊面，把拇指和食指向下扳，其他三根手指還是直立的。

「看著，三根手指。」他對孩子們說，好像一個經驗豐富的魔術師在變魔術一樣。

他用右手再將兩根手指往下扳，只留下無名指還豎著。

「如果你問，這根手指是長或短，很難說。」

然後，他舉起中指，和無名指併立豎在一起。

「然而，跟中指比就變短了。」

然後，他再豎起小指跟無名指做比較。

「跟這個比，就比較長了。因此，長或短是相對的。同樣地，當我們想到家時，往往也會聯想到一些事物。像是家會讓你想到你的出生地或你現在住的地方。但是，關於出生地，如果要更精準來說，只有在你出生那年、那月、那週、那日、那小時、那分鐘的地方，才是真正的家。否則，真正的家永遠都在改變，不是嗎？」

達賴喇嘛看著馬修，並沒有真的希望他回答這個問題。

「是啊。」馬修不確定地喃喃自語。

「因此，透過不同的觀點與它們的相對性來思考，只要是設備便利之處，你都可以產生某種家的感覺。當然，如果家或事情是絕對的，那麼就算是從不同的角度來看也不會有所改變。但萬事萬物都是相對的。因此，從不同的角度來思考，就會得到不同的答案。」

「這樣明白嗎？」達賴喇嘛問馬修，然後也不等他回答就哈哈大笑起來。

達賴喇嘛說的是他自己對家的概念。跟我所知道的大多數人相比，他對於家的態度的確與眾不同。他說過不管他在哪裡，只要條件是有利的，只要他不是在一個充滿敵意的環境中，對他而言，那裡就是家。由於多年的學術研究，他的頭腦非常嚴謹，善於分析。他檢視了究竟「家」是如何構成的這個問題。是我們的家庭還是出生的醫院？那跟我們成長之處可能是大不相同的。到底什麼地方才是真正的「家」？

沒有所謂的絕對，世上並不存在絕對的、獨立的事物，這樣的想法也就是達賴喇嘛對世界觀的基礎。他曾經舉一個黑色的杯子為例來解釋這個想法。「這個杯子到底是什麼？我們看到顏色、形狀。但是，如果我們拿走形狀、顏色、材料，杯子還剩下什麼？杯子在哪裡？這個杯子是粒子、原子、夸克的組合。但每個粒子並不是『杯子』，這可以說明一切，包括你自己。所謂『我』這個杯子，只是標籤而已，是用來形容在日常生活中的現實狀態。所謂『我』這個杯子之所以存在，是源自由複雜的原因和狀況所交織而成的一個網絡。它們並非是獨立存在的。」

但是這與現實生活有何關係？對於達賴喇嘛而言，角度就是一切。大部分我們的不幸，我們的痛苦，來自我們的看法與真相之間的差異。因為我們終其一生所受的訓練，都是將自己和他人做了絕對的區分，這是我們根深蒂固的想法。從這種以自我為中心的視角來看，自私自利是有道理的。

經過幾十年的修行，通過直接的經驗而非抽象的知識，達賴喇嘛明白他的存在，就像杯子一樣，是由無數錯綜複雜的一連串人、事、物、原因和狀況而造成的。他認為，人和人之間，以及人與事之間有一個基本的關連性。他毫不懷疑「他的」興趣和「你的」利益有著千絲萬縷的連接。

達賴喇嘛的信仰影響了他的態度，廣義來說，也影響了他的行為。身為佛教徒，他一生致力於減輕生命之苦。他知道痛苦的主要原因是自我意識的膨脹，強調自我的重要性，以及自私自利的需求，也就是完全強調我，我，我。我們過度執著於自身的欲望與需求。因此，只要一點點觀念的改變，就能讓我們從更平衡的角度來看待自我和周遭的世界，這對我們的心靈福祉是有幫助的。

坐在前排的一個女孩對達賴喇嘛說：「我的名字是娜塔莉．伯迪克。我只是想知道您是否相信心靈的力量能幫助人治病。」

坐在我旁邊的一位護士低聲說道：「娜塔莉十三歲，她有白血病。」

「我相信我們可以藉由祈禱受益，」達賴喇嘛回答：「但如果有人說他有療癒的能力，我會抱持懷疑的態度。」

他把手掌放在阿特金森的手的正上方，然後繞圈移動著。

「用手這樣做一下，然後就能把病治好，我認為是非常困難的。』」他說，「除非……你知道……發癢的問題。」達賴喇嘛先抓抓他的右臂，然後又抓抓手肘內側。「我這裡也常有點癢。」他低下頭，讓觀眾能看到他脖子後面的皮膚。

「濕疹，」他解釋說：「所以，如果有人在幾分鐘之內治好這搔癢，而且是完全治癒了，這樣我就相信。但如果又再舊疾復燃，那我就會懷疑了。」他大刺刺的笑聲響徹病房。

他平復呼吸後，笑著和娜塔莉繼續說：「我認為最重要的是人的慈悲心。那會給我們帶來活力和更積極正面的感受。這很重要，而且很有幫助。慈悲會在我們體內產生積極正面的轉化。透過這種方式，就有療癒的可能。」

這種物理轉化（physical transformation）的現象，已被兩位傑出的科學家理查・戴維森（Richard Davidson）和尚卡貝特・茲恩（Jon Kabat-Zinn）的實驗證明了。其中有個實驗，是他們讓一批傑出的生物科技人員練習慈悲的冥想，隨後腦部掃描顯示，冥想者的焦慮感減輕了。這項研究有一個部分是讓受試者注射流感疫苗。然後檢驗他們的血液，以測量所產生的抗體水平。結果呢？經過八週的冥想，他們的免疫系統明顯增強了。

對於達賴喇嘛來說，培養慈悲心是發展靈性的重要關鍵。他認為，加強慈悲心，不僅我們會恩待他人，自己也能實實在在地感受到快樂。過去七十年來，他每天都會背誦的一條祈禱文是這樣的：「唯虛空住，眾生堪忍，恆願長住，遍除世苦。」我曾見過他在大眾面前背誦這個祈禱文時淚流滿面。這個禱文中暗示的承諾和應許已經被牢牢嵌入他的每一根神經裡。值得注意的是，經過這麼多年，他仍然深刻表現出這個禱文依舊如此有力，如此激勵人心。

達賴喇嘛曾在另一個場合告訴我：「至少要視他人和自己一樣重要，這件事是很重要的。這就是靈性的本質。發揮慈悲心並不意味著要犧牲自我，只為他人奉獻。這不是繳納稅金，或加重我們肩上的負擔。這樣想是錯誤的！從你自身的經驗想想吧。如果你有慈悲心，你也會有強烈的決心。這種態度能否造福他人？我不知道，但可以肯定的是，你自己會感覺更好。」

坐在前排的另一個女孩問達賴喇嘛：「我好奇的是，我們都經過試煉與苦難，但你經歷這些事情後，如何還能保持快樂的心情？」

「沒錯，是會有些困難。前幾天，我才剛提過在這個星球上有超過七十億人。我認為沒有任何一個人會一點問題都沒有，但最重要的是自己面對這些問題時的態度。以我的好朋友們為例，在同樣的情況下，有些人總是抱怨個不停；而其他人顯然也有很多的問題，但他們卻很少、很少抱怨。這顯示出一個人所抱持態度的重要性。」

他想了一會兒，然後補充說：「在處理問題時，從不同的角度看事情是很有用的，問題往往會變得更容易於解決。」

阿特金森開始不停地看手錶。她顯然擔心達賴喇嘛不願離開會導致他下一個約會要遲到了。他完全融入這滿屋子的年輕人當中。雖然我跟隨達賴喇嘛走遍全世界，還是第一次看到他與一群重病的孩子交流。他們之間的互動親密，彼此所產生的化學作用顯而易見。然而對於他們提出的問題，他的答案是相當尖銳的。對這些年輕人，他並沒有迴避解釋一些更深的哲學概念。他的理性和邏輯，充分顯示他不會以任何方式說服他們。

「現在我們必須去其他房間看更小的孩子了。」阿特金森終於提醒達賴喇嘛。

娜塔莉．伯迪克又舉起手，小聲對阿特金森說：「我只想知道能不能跟他握手。」

「我過來。」達賴喇嘛毫不猶豫地說。他站起身，走了過來。「我過來這裡，我們一起照張相吧。」

在前排的一個女孩站起來，把椅子讓給他。他坐了下來說：「既然來了這裡。」他拍拍膝蓋，把她拉下來讓她坐在他腿上。房間裡一片嘩然，許多孩子驚喜地大呼小叫。達賴喇嘛用左手摟著娜塔莉，也把她拉下來坐在他腿上。兩個女孩笑得合不攏嘴。十幾位攝影師衝到最前面捕捉這一刻。

達賴喇嘛在椅子上轉過身，指著一個大約十歲的小男孩，然後再往後退一點。「那個小一點的，小一點的。」他說。

男孩有點猶豫地靠近。他的右眼是閉著的，有些頭髮被剃光了，憤怒的疤痕大弧度地從頭骨頂部劃到右耳邊。很明顯不久前他動過大手術。

「過來，過來。」達賴喇嘛對小男孩說。他的聲音突然變得高亢尖銳，驚人地不同於他一貫的男中音。這就是他所謂「山羊」的聲音，他一向很少使用。

達賴喇嘛讓小男孩坐在他膝蓋上，雙手摟著他。有更多的閃光燈此起彼落地閃爍著。他近距離凝視著男孩，輕輕碰觸傷疤。「你這裡動了手術，是不是？」男孩沒有回答。被大家這樣的關注讓他感到很尷尬。

「哈，哈，哈！美極了，美極了。」達賴喇嘛說，男孩從他腿上站起身來。他近距離地凝視著男孩，明顯地很關心他，抓住他的手，輕輕地握著。然後他從椅子上起身，面向男孩，伸出雙手抱著男孩瘦小的身子，緊緊地擁抱住他。

然後，該是到下一個病房的時刻了。

因果報應

達賴喇嘛慢慢朝鹽湖城兒童醫院的另一個病房走去。這裡是幼童病房，大多數的病患都未滿十二歲。裡面一共大約有二十人，許多人不是坐在輪椅上，就是身上插滿了令人眼花撩亂的電子儀器。有三、四個孩子躺在病床上被推進房間來，旁邊大多有家人或醫護人員陪伴。

在這個房間裡，每個人只能站著。我是被推擠著跟隨達賴喇嘛走進來的。醫院中許多其他部門的醫生和護理人員一早就擠在這個病房裡，深怕會錯過一睹這位世界著名僧侶的機會。一大堆的攝影師、錄影師及記者都在搶最好的位置。六位國務院安全警衛西裝筆挺，戴著耳機緊跟著達賴喇嘛。幾位穿著褐紅色長袍的僧侶，即他的貼身侍從，在附近來回走著。

達賴喇嘛走到一個非洲裔小男孩身邊，他正坐在母親的腿上。她抬頭說：「他十二歲，有鐮狀細胞貧血症。」

達賴喇嘛聽不懂，轉向他的私人祕書哲童丹增格且詢問。他也不明白，就走上前去問那位女子。

「鐮狀細胞貧血症。」她又重複了一遍。

「那是什麼？」哲童丹增格且問道。

「那是一種血液疾病。」她說著，臉扭曲著，並強忍住眼淚。

達賴喇嘛轉身再凝視著男孩，臉上充滿嚴肅關切的神情。

在他們旁邊是一個坐在輪椅上、體弱多病的男孩，腿上蓋著紅色毛毯。他白皙皮膚上的斑點因為生病而變得暗沈。一大片醜惡的紗布包裹住臉的一側及整片耳朵，讓人看不出他的模樣。他的嘴唇是全黑的。這個男孩全身綁滿複雜的顯示器和儀器，他試探性地朝達賴喇嘛揮揮手，達賴彎下腰靠近孩子，並把手放在男孩的手臂上。他喃喃地說了一些若有似無的安慰話語，男孩的身子有點坐直了。

達賴喇嘛朝病房的另一端走去。一些小孩無法坐起身來，趴在移動式病床上。他走到一個孩子旁邊，低頭盯著插在胸口的管子。一位護士介紹男孩道：「這是賈斯汀。」達賴喇嘛把手放在男孩的頭上，然後俯下身來，把額頭對著孩子的額頭一會兒。

繞了兩圈後，達賴喇嘛走回房間前面，坐在潘密拉．阿特金森旁邊。現在是回答問題的時候了。

在房間的後面，一個瘦小早禿、三十多歲的男子用顫抖的聲音問達賴喇嘛：「佛家對殘疾兒童的看法是什麼？」他的兒子包裹在綠色毯子裡，紋風不動地躺在他腿上。

他問完問題後，以意想不到的力量敲打孩子的胸口好幾次。他的眼睛一直盯著達賴喇嘛的臉。那個孩子大約五、六歲，似乎反應遲鈍，他的頭無精打采地垂向一邊。

達賴喇嘛是透過他的長期藏族翻譯員土登．錦帕（Thupten Jinpa）回答的。

「佛教……在藏族社會中，殘疾人士，尤其是兒童，被認為是特別需要關心和照顧的對象。然而，從個人觀點來看……」錦帕翻譯著。

然後，達賴喇嘛決定直接用英語對那位父親說：「在佛家，我們相信輪迴轉世，生命不息。我們確信，今日的不幸是因為自己以前的業力……呃，錯誤的行為所造成。」

父親又用力捶打兒子幾次。然後他吞了吞口水，刻意把眼光從達賴喇嘛身上挪開，顯然這些不是他期待的安慰話語。達賴喇嘛的回應也讓我也吃了一驚。通常，在向西方人解釋典型佛教因果報應的概念時，他都會非常完整地說明，因為這個觀念很容易被誤解。

達賴喇嘛知道自己的回應沒有讓那位父親得到安慰。他知道，對方聽到這些話一定很難受，根據佛教教義，他的孩子的殘疾居然是緣於前世犯下的惡行。

達賴喇嘛最不願意的就是讓人更痛苦，但他也不想說一些老生常談，或他認為是毫無意義的玩笑話。他總是說實話，有時過於直言不諱。他也很勇敢，如果情況需要的話，他會愛之深，責之切，毫不掩飾自己的想法，讓對方無法暫離痛苦，而需及時面對苦難；並提供對方一個充滿正面轉機的機會。在這個例子中，他直截了當地回答這個問題，的確給了對方一點的壓力。但我很清楚，他也敏銳地意識到這會造成的困擾。

在達賴喇嘛身上，佛教哲學已然融會貫通，進而塑造了他的世界觀與道德宇宙。他對因果報應的理解並非我們單純認為的果報關係。對他來說，因果報應蘊藏著多重微妙層次的教誨。但他覺得跟外行人解釋這件事時會有點尷尬，因為對方往往期望獲得簡單且容易的答案。

☙

達賴喇嘛之前對西藏佛教徒談過有關因果報應的話題，他強調因果報應最獨特之處是它涉及刻意的行動，也就是去做好事或者做傷害他人之事。

他告訴他們，有三種不同類型的行為會產生三個不同類型的效果。第一種行為會產生痛苦，通常被認為是負面的行為。第二種行為會導致期望的後果，如歡樂和幸福的經驗，被認

艾克曼是其中最格格不入的一個。他跟其他六個同事不一樣，對與達賴喇嘛相處這件事可是一點興趣也沒有。艾克曼對達賴喇嘛所知甚少，也不覺得有什麼可以從東方智慧如傳統佛教中學習的。他畢生致力於科學研究，宗教對他來說用處不大。

達賴喇嘛的親密友人之一，艾倫・華勒士（B. Alan Wallace）也參加了會議，他對讓艾克曼與會深感疑慮。他不懷疑對方的聰明智慧，但華萊士認為主辦單位邀請艾克曼是犯了一個可怕的錯誤，因為他對佛教完全採取封閉的態度，很難會對此次討論做出有建設性的貢獻。

保羅・艾克曼是位心理學家，他的創舉是定義情緒所表現的科學性。多年來，他是全世界最有名的人臉解讀者和測謊專家。美國聯邦調查局、中央情報局、美國運輸安全管理局都曾向他求助，反恐調查人員和警察部隊也經常請他幫忙。他們不僅希望他能幫助解決危機情況，還要教他們如何準確地發現有人說謊。

艾克曼也為律師、撲克牌玩家，甚至為有偏執狂的夫妻舉辦測謊講座。全世界有超過五百人都經歷過嚴格的學習過程，並使用他詳盡的研究方案、臉部動作編碼系統，或流式細胞儀（譯註：FACS，在液體的狀況下，定量分析細胞的技術）。當使用流式細胞儀時，研究者在指定的時刻中，對於即使只停留幾分之一秒的微妙表情或短暫的情緒線索，也能在四十三塊臉部肌肉中找出到底是哪一塊在運作。這是一種識別人是否處於壓力之下或試圖騙人的有效方法。

電視影集「謊言終結者」（*Lie To Me*）的靈魂人物卡爾・萊特曼（Cal Lightman）博士，就是以艾克曼為原型。在該影集中，演員提姆・羅斯（Tim Roth）所扮演的萊特曼博士是一個聰明絕頂的人類測謊專家，精於解讀微細表情和肢體語言。在花了幾十年閱讀人類的臉部表情後，他利用應用心理學協助執法機構做犯罪調查。

艾克曼會來到達蘭薩拉參加會議是因為他的獨生女，他與女兒的感情非常深厚。夏娃出生時他已經年近五十。這位年輕女子參加會議時才二十歲。求學期間她曾在尼泊爾生活過，那時她被在當地遇到的藏人給迷住了，她非常渴望能參觀達賴喇嘛的家。

會議進行到第三天，科學家和觀察員離開狹窄的會議廳稍事休息。艾克曼認為這是把夏娃介紹給達賴喇嘛的好機會。在一個半小時專注的對話討論過後，大多數與會者都直奔陽台放鬆心情，享受茶點，欣賞達賴喇嘛居所外綠蔭冉冉的壯觀景緻。

艾克曼沒有加入他們，而是帶著緊張、準備要認識達賴喇嘛的女兒去找他。此次一共有八十多人參與會議，但達賴喇嘛卻似乎並不需要任何休息。他繼續盤腿坐在扶手椅上。他的長期翻譯土登・錦帕就在附近看著，以確保達賴喇嘛隨時都能有一整杯熱水和餅乾可食用。

夏娃跟她父親一樣，天不怕地不怕，但就是很害羞。她極活潑外向，生活過得多彩多姿。但在達蘭薩拉，她很奇怪地沒了自信。她發現在這場群聚著全世界優異科學家和精神領袖的會議中，她對任何事都一竅不通。對於要與達賴喇嘛會談這件事，也讓她感到自慚形穢。

這位父親和她女兒分別坐在達賴喇嘛兩旁的扶手椅上。

「這是我女兒，」艾克曼對達賴喇嘛說：「她是我的精神導師。因為她所以我才來參加這次的會議，我非常感激這一點。因為她對西藏很感興趣，所以我對『心靈和生命研究所』說：『如果你們要舉行會議，我希望能邀請我，因為我想帶我女兒到達賴喇嘛的住處。』我想這是我能給她最好的禮物。」

艾克曼解釋說，夏娃在十五歲時曾在尼泊爾的西藏難民營生活過一段時間，因為這方面的經驗，她非常關注流亡藏人的福利。他說，她想問一個私人的問題。達賴喇嘛滿面笑容地看著夏娃。他俯身向前等待著，一隻手握著艾克曼的手。

「我想知道為什麼在愛之中會有憤怒。」夏娃說。

達賴喇嘛沉吟了一會兒，然後告訴她，我們容易對親近的人期望過高。我們會設定不切實際的期望，為對方規範出其實根本就不存在的特質。他告訴她，更務實的做法是坦然接受他們的缺點，這樣會減少潛在的失望並降低怒火。

在這短短的交流時間中，達賴喇嘛一直莫名地握著艾克曼的手。

「介紹過夏娃後，我一句話也沒說。但我有了兩種不尋常的體驗。」若干年後，艾克曼與達賴喇嘛分享道：「一個是在十分鐘，我心中一直充滿了實質的溫暖感覺。這不是一種比喻，而是真正的溫暖。我的身體裡面有一種很強烈的感覺，我無法用一個英文單字來說明。『溫暖』是最接近的形容，但那不是熱氣。只是感到非常、非常好，像被熱情地擁抱著。你只是握著我的手，但那卻是前所未有的感受，我想我以後也不會有同樣的感覺。」

「另一個不尋常的體驗是當時我好像身處在幻覺中。」艾克曼繼續說道：「我們在會議室裡，其他人也在等著跟你說話。但我的印象卻是夏娃、我和你被包圍在一個獨特的空間裡。往房間外面看，就像是通過望遠鏡錯誤那端的鏡頭看著世界。儘管人們離我們很近，也許只有四英尺遠，但對我來說，他們就像在幾百英尺之外。」

「有時候，你會真正體驗到那種視野——遠景的視野。」達賴喇嘛回答。

「這好像是我們三個人緊緊被綁在一起，其他人都在千里之外。」艾克曼說：「身為科學家，我不知道該如何解釋這種情況。但是，這並不意味著科學無法解釋，只是我不知道該從何解釋起。」

對於艾克曼而言，持續不斷的發怒已經成為他的特質。在成長的階段，他的父親經常毆打他。在父親最後一次打他之後，他控制憤怒的週期開始越來越短。那時他十八歲。他警告父親，如果再打他一次，他就會打回去。父親聽出他聲音裡的威脅便氣餒了，而且他也打電話報了警。艾克曼從此離家出走，再也沒回去，自此暴怒的情緒也緊緊與他相隨。

但是，與達賴喇嘛會面之後，艾克曼的內心有了改變。

他開始注意到一些事。在會議的前兩天，他覺得有很多討論都很煩人。有些太學術性，他認為是在浪費他和達賴喇嘛的時間，但現在他對會議的進行不再感到不耐煩了。

在會議的最後一天，達賴喇嘛對大家說：「各位在此是為了求得善報，獲得美好的交流經驗嗎？還是接下來可以做些什麼？」達賴喇嘛本來是想知道通俗化的佛教實踐法對西方人是否有幫助，尤其是對於那些有重大「破壞性」情緒的人，如憤怒、仇恨和憂鬱症患者是否有用。

後來艾克曼告訴我：「他直視著我，我也看著他。當他說話時，我也在想如何給予適當的回應。我當下決心願意接受這個挑戰。我覺得他是在要求我做這件事，以確保我們不只是說說而已。」

艾克曼和華勒士這兩位，儘管最初互相反感，最後卻決定接受達賴喇嘛的挑戰一起合作前驅研究，這讓許多與會者都很驚訝。二千五百多年來，佛教對於冥想技術的精煉，已被證明能有效提昇慈悲、仁愛和其他正面的精神層面。在西方，許多科學研究都專注於利他主義、憐憫，和其他與慈悲有關的親社會行為。但令人驚訝的是，卻幾乎沒有任何關於能明確增加慈悲心理訓練的研究。

艾克曼和華勒士共同研發了培訓計畫，將佛教沉思冥想的訓練與西方處理負面情緒的技術融匯在一起。他們希望，這些報名參加培訓計畫的人能見證到有害的情緒反應減少，並發現慈悲和感同身受的反應增強。他們稱自己的研究主題為「在充滿挑戰的時代培養情緒平衡」。

到達蘭薩拉後，艾克曼前往新德里和妻子瑪麗安會合，他們本來計劃要度假兩週，到印度各地看看。當時，瑪麗安馬上就注意到了另一半的變化，發現他對人不再那麼衝，性情徹底變柔和了。

她對他說：「你像個戀愛中的男人，跟以前完全不一樣了。我不確定我是否要你變成這樣。你已經不像我當初嫁的那個人了。」

瑪麗安花了一些時間來調適這種轉變。兩天後，她對艾克曼說：「我很感謝。在過去兩天，你完全沒發脾氣，或是對任何一件事情感到不耐煩或憤怒。你變得很容易相處。」

最近，艾克曼對我說：「我仍然會發火，但次數並不多。而且跟過去七十年來相比，真的是少得太多了。我還要再努力一點。在到達蘭薩拉之前，通常一年當中，我會發一百次讓自己後悔的脾氣。現在，一年頂多是五、六次。」

☙

艾克曼從第一次會見達賴喇嘛之後，就像我一樣，他尋求著能與這位西藏精神領袖聯繫的每一個機會。他繼續研究情緒問題，並開始受到達賴喇嘛所謂「心靈科學」的強烈影響。

艾克曼對自己從到達達蘭薩拉之後的奇怪轉變感到困惑不已，並想要了解到底是發生了什麼事。他告訴達賴喇嘛他畢生為憤怒的情緒掙扎著，不時尋求精神科醫生的幫助，但毫無效果。在印度達蘭薩拉的相遇是他人生的一個轉捩點。身為科學家，艾克曼不能無視於這段經歷。

艾克曼告訴我，要讓達賴喇嘛談這方面的經驗簡直難如登天。像往常一樣，這位西藏精神領袖拒絕承認自己有任何神奇的療癒力。最終，艾克曼提出了自己的解釋。他對達賴喇嘛說：「我相信，當人正努力處理情緒傷口時，你可以用某種方式直接傳送『善良』的輻射給那個人。剛開始時是身體上的感覺，那顯然是溫暖的感受。這種感覺會讓人改變，至少能持續一段時間，這是科學無法解釋的。但是，我無法解釋，並不意味著它不是真的。」

艾克曼說，五十多年前，當他初次獲得博士學位時，科學家們尚無法解釋很多的事情。而現在，他們可以了。只是，雖然科學一直在進步，但仍然有許多令人無法理解的重要問題。艾克曼相信，我們已接近一個臨界點，並且在不久的將來，科學家們將能夠解決一些存在已久的奧祕。

艾克曼覺得他已經認識達賴喇嘛一輩子。「我相信在前世，我們是兄弟。」他告訴我：「我覺得他是我弟弟。我沒有弟弟，我也知道他不是，但我覺得就像是這樣。我會擔心他，如果我和他還能再活五十年，我相信對於這一切科學家會有個解釋。但是現在達賴喇嘛就是不願意談論這件事。」

然而，達賴喇嘛確實告訴過艾克曼，雖然發生的情況是神祕的，而奧祕的特徵之一是，它們並非不真實。達賴喇嘛說，在過去，以及在前世的生活中，他們之間似乎有一些因果關係。「但我不是佛教徒，」艾克曼告訴我：「達賴喇嘛並不希望我成為一個佛教徒，他不說教。所以我傾聽，尊重他說的話。但我不一定要相信他所說的。」

在艾克曼的家裡，有六張達賴喇嘛和他在一起，手牽著手、歡笑的照片。他告訴我：「當我經過這些照片時，我會看著它們，駐足一會兒，重新回憶我在達蘭薩拉曾有過的感覺。每次都是如此，但我無法解釋原因。人們只是單純地想跟他在一起，但這並不是因為他的談話很精彩。他在教學時，經常用佛經做教材，內容實在很難理解。他渾身散發著善良的訊息。當然，不是每個人都跟我一樣有如此強烈的感覺。但是，大多數人只要離他十或二十英尺就會感覺很好，這是科學無法解釋的。他不需要說話就能影響人。這就像是你在吃巧克力時感覺味道不錯，但你能解釋為什麼味道不錯嗎？」

艾克曼還告訴達賴喇嘛，他認為在練習靜坐冥想時會激發某些人產生「善」的感受，但他無法用另一個字來形容這種感受。他說這種「善」對他人有益。他還告訴我，達賴喇嘛曾經對他說：「是發生了某種神祕的事情。好吧！只要是正面的，就很好。但這些東西都跟無涉於科學，科學家們無法解釋這些奇怪的事情。而且，這是我的事，跟你們這些科學家無關。」

假釋犯、恐怖分子和殺人犯

二〇〇三年九月，一個可愛的秋日，氣溫在二十七度左右。我離開了曼哈頓四十三街的背包客棧，想辦法要在時代廣場附近攔下一輛計程車。我受邀參加一個與達賴喇嘛有關的特殊活動，想盡量提早到達，以便有充裕的時間。計程車沿著四十二街迤邐前行，我很驚訝地看到一幅巨大的達賴喇嘛相片對我寬厚地微笑著，這幅超大照片佔滿這棟四層樓建築的正前方。這個畫面讓人印象深刻：他直視著相機，雙手手指略微交扣地擱在小腹前，張開的雙腳穿著簡單的塑膠拖鞋。這是一個他公開演講的廣告，時間地點是下星期日在中央公園。

我在馬克精品酒店下了車，這家酒店在七十七街，離公園和大都會博物館不遠。達賴喇嘛已經完成之前在市區裡的活動，現正趕回酒店與十八名假釋犯見面。

傑克・康菲爾德（Jack Kornfield）曾經做過和尚，擁有臨床心理學博士學位，他正在酒店的複合式會議廳裡等著，準備要主持一場獨一無二的會談活動。達賴喇嘛進入房間，走到康菲爾德身邊。兩人互相深深一鞠躬，然後握手。假釋犯和籌辦本次會議的人員坐成數排，正面對著他們。

康菲爾德穿著他典型的棕色背心和領口打開的白襯衫，對達賴喇嘛說：「有六百萬人身處美國的監獄系統裡，這大約是全西藏的總人口數。無論何時，都有超過兩百萬人關在監獄裡，其餘的人則是在假釋中。如果你生錯種族或膚色，或者如果你是一個非裔美國人，你可能會比其他人多五倍的機會被關在監獄裡，而非去上大學。」

達賴喇嘛入神地聽取報告，驚訝自己對美國社會在這方面知之甚少。他解開紅褐色的披肩，將之捆綁在腰間，這讓人覺得他有個超大的肚子。

康菲爾德看了一下放在腿上的資料夾板，繼續說道：「今天我們要和一群曾經待在監獄裡的人面對面，他們發現，他們能夠自我轉變，改變自己的內心。事實上，有些人就正在參與幫助其他囚犯的專案。」

「非常好，非常好。」達賴喇嘛點點頭。

「我名叫盧絲．桑塔納。我之前曾坐過牢。」一個坐在前排的女人說：「我在紐約州最高安全級別的監獄工作了十一年。我曾經歷過各種的剝削和痛苦，這讓我很生氣。因此，我和這個系統抗爭。一開始我採取的行為非常暴力，但隨後便轉趨和平，最終，州長對我寬大處理，幫我減刑，讓我出獄。我參與過監獄系統很多的改革與變化……」

「妳原來打算要說什麼？」達賴喇嘛打斷她。

「當我出獄後，我在社區裡工作了二十年。然後，他們希望我回去監獄裡工作。所以，這十一年來我都在監獄裡當輔導員。」

達賴喇嘛不太瞭解「輔導員」的意思，他和翻譯土登·錦帕做了簡短的交流。

桑塔納繼續說：「我試著教女囚犯一些事情，一些我學會使自己保持清醒和健康的事情，一些讓我更懂得關懷與愛心的事情。我也以此維生。」

達賴喇嘛說：「非常好，好故事，我認為這很清楚地證明，每個人都有向善的潛能。我認為這主要是取決於自己的意識，一個人內在的資質。我也認為很重要的是要了解人類的天性是很善變，無時無刻不在變化中的。因此，人是有可能徹底地改變的。」

「我相信每個人都是好人。」桑塔納說。

「的確。」達賴喇嘛同意。

「但是外在的情況讓他們做出壞事。」

「的確如此。」達賴喇嘛說：「我們出生時，大家都很真誠、單純。」他停頓了一下，然後自顧自地笑了起來。

「但後來因為某些原因，有人變得難以相處。」達賴喇嘛繼續說道：「但我總覺得社會應該給予這些囚犯一些希望，一些正面的鼓勵。社會拒絕對曾有重大過失的人伸出援手，認為這個人是百分之百的壞，百分之百的負面。他們毫無希望，只能被排拒在外。我覺得這是錯的。」

無論是對於囚犯或恐怖分子，達賴喇嘛傳達給大家的都是相同的觀點。那天早晨，我在紐約時報讀到一篇有關達賴喇嘛的採訪，那是個有爭議的話題。標題是「達賴喇嘛說，恐怖可能需要以暴力回應。」很遺憾，這讓讀者認為他贊同以暴力來對付恐怖主義的想法。後來，他在紐約的代表告訴我，達賴喇嘛因為這篇文章而感到沮喪。

顯然，達賴喇嘛並不贊成以暴制暴。他只是說，從長遠來看，恐怖主義真正的解藥是等量的慈悲與對話。他告訴採訪者，即使是處理恐怖分子，同理心也是不可或缺的，而且要以開放的心靈對待。

「我認為我們過去的大師，如耶穌、佛陀，他們都強調要關懷和照顧特別不幸的人。」達賴喇嘛對這些假釋犯說：「他們認為即使壞人也有善的潛能，他們和我們一樣都是人。」

達賴喇嘛轉向錦帕，錦帕開始闡述：「佛教有一個故事。有個殺人犯叫央掘摩羅，他殺害了九百九十九個人後，還繼續尋找下一個被害者。他的目標是用一千個人的右手小拇指串成一個鍊子掛起來。後來，具有智慧慈悲的佛陀走向兇手，最終說服他改變邪惡的行為。央掘摩羅轉化了，最終達到了高層次的靈性修為。」

這時，達賴喇嘛打斷他的話說道：「佛陀接納了那個人。」然後，他因自己所想像的畫面而笑了起來：「他從人性的觀點出發。佛陀相信每個人都具有潛力，甚至連殺人犯也不例外。我們大家都是一樣的人。」

「痛苦存在於許多面向，」桑塔納對達賴喇嘛說：「這個社會並不快樂。人們工作著，但卻缺乏熱忱。當別人不能讓他們做想做的事，或是按他們想要的方式做事時，他們就會生氣。他們沒有技巧，就像你剛才說的，如同佛陀那般純熟歷練。他們沒有那樣的技巧，又或者他們沒有耐心或才幹，又或者他們只是滿懷傷痛。因此，他們無法幫助別人，所能做的就是傳達出這些苦痛、憂慮和黑暗。我們該如何解決這個問題？」

「但是，改變社會的態度是不容易的，它需要時間。」達賴喇嘛說：「像你這樣有慈悲心的人，應該更能深切認知人類心靈的本質，也不應放棄希望，儘管你曾經歷過困境或痛苦。你應該保持自信，這是最重要的。以我自己的情況來說，我在十六歲時失去了自由，在二十四歲時失去了國家。現在我已經六十八歲了，至今仍前途未卜，也常聽到很多令人痛苦的消息，但我從來沒有放棄過希望。而且不只是我，我想幾乎所有的藏族人民都是如此。當初我們成為難民時，我們沒想到，也永遠無法想像，在四十四年後居然仍得面對這種痛苦的局面。但我們保持決心，我們會再堅持下去。真理是有力量的。剛開始時可能並非顯而易見，但隨著時間的推移，力量會增長，增長，再增長。」

他環顧四周，看到演員李察・吉爾（Richard Gere）身著西裝，打著領帶，就站在攝影師後面。

「李察・吉爾告訴我基蘭・貝迪的事，」達賴喇嘛繼續說：「我也認識她，碰過她好幾次。她在德里提哈所進行的實驗，真的大有斬獲。我覺得她創新的精神，的確造成了巨大的改變。這意味著，是的，真的有改變的方法，可以賦予希望，更能夠加強希望，增加自信。」

一九七二年，基蘭・貝迪是第一位受聘進入印度警察局服務的女性，而且後來成為最高官階的女警官。幾年後，當她毫無畏懼地拖吊總理英迪拉・甘地違規停放的汽車後，她成為了家喻戶曉的人物。

到了一九九〇年代初期，她迅速晉升為德里的提哈監獄監察長，這是亞洲最大的監獄，關了近萬名囚犯。監獄的情況很悲慘：人滿為患，衛生條件極差，暴力猖獗。監獄工作人員的座右銘是：壓迫，剝奪，隔離和懲罰。這是一個惡名昭著的「罪行的地獄」（hellholl of crime）。

從一開始到任，貝迪就希望將監獄打造為心靈避護所。她堅信監獄應是改過自新的地方，而非懲罰之處。

在一九九四年年初，貝迪為一千多名囚犯舉辦靜修活動。無論是在監獄內外，這都是近代有史以來最盛大的冥想課程。參與者花了十天的時間很嚴格地學習內觀，這是一種古老的佛教禪修方法，類似於坐禪。禁止說話、讀書、飲酒、吸煙、性生活等各種行為，而吃飯、休息時間與冥想期間也都有嚴格的規定。一旦課程開始後，沒有任何人能任意離開。

靜修期間，囚犯專注於自己的呼吸，察覺到自己身體的自然節奏感，思緒的來去不定。然後，頭腦開始安靜下來，並展開自我反省的過程。然後，憤怒與犯罪的慾望降低，復仇的慾望也減輕了。

靜修活動極成功，後來印度政府在監獄裡建立了第一座永久性的禪修中心，並決定應在全國所有的監獄都引入禪修課程。

貝迪也因為在提哈的工作，而獲得被喻為「亞洲的諾貝爾獎」的拉蒙．麥格塞塞獎。

☙

第一個發言的盧絲．桑塔納是位中年的拉丁女性，一頭棕色短髮梳得整整齊齊。在她那排最末端坐著一位美國原住民，穿著明亮的黃色T恤，上面印著「原住民」的字，華麗的紫色頭巾蓋住了他的光頭，看起來十足的海盜風。接下來發言的是個相貌出眾的男人，他穿著潔淨無瑕的禪袍，袍內是一套暗色的西裝和一條珍珠色領帶。我想那些星探應該很容易能幫他在好萊塢電影中找到扮演成功中年執行長的角色。

他的名字是富萊特．繆爾。他調整衣領上的麥克風，然後期待地看著達賴喇嘛。

當會談在短暫的靜默後，他對西藏精神領袖強調：「閣下，監獄是個憤怒的世界，但那就是你生活的所在。憤怒不斷的增長，增長，再增長。最後成為你生活的全部。男性監獄是個非常危險、充滿暴力的地方。你很容易會被強姦。你甚至可能得決定，要麼被強姦，要麼就把要強姦你的人殺死。或者是加入可以保護你的幫派，但是那個幫派可能會要求你去殺死其他人。所以，人們會發現自己只能設法活下去。我已經花了十四年的時間待在聯邦最高安全級別的監獄醫院裡，所以我很清楚這些事。」

賴喇嘛專注地聽著，不時點頭。他的嘴唇緊繃，還不尋常的撇起來。他的臉略朝下，但他的眼睛從來沒有離開過繆爾的臉。顯然對於剛聽到的暴行，他心裡覺得有些沈重。

「因為我在聯邦監獄醫院工作，我知道那些男人是死於愛滋病和其他疾病，所以我們開始在監獄中垂死的人進行安寧照顧。」繆爾說。

達賴喇嘛花了很長時間深吸一口氣，再重重吐出來。

「我很幸運我能夠打坐禪修，所以我可以保持平靜，心靈開放，我可以善用心智，使其對我有益。我在監獄裡服務了十一年，在那裡進行打坐和做臨終關懷工作。閣下，在監獄的時間確實可以成為一個療癒之旅，一個轉化的旅程，以及一條服務的路徑。」

在一九七〇年代末期，富萊特．繆爾已得到洛巴大學心理學碩士學位，然後在美國科羅拉多州，跟隨在西方最具影響力的藏族教師之一——創巴仁波切（Chogyam Trungpa），研究藏傳佛教。繆爾也有隱晦的過往，他曾沉溺於毒品和酒精，從玻利維亞零星走私古柯鹼到美國。在一九八〇年代中期，他因為非法交易古柯鹼，被判處二十五年的有期徒刑，不得假釋。

在監獄裡的前幾個月對繆爾來說有如地獄，他墜入恐懼、黑暗和憂鬱的深淵中。他的生命被自己的所做所為，以及狠心拋棄幼子的罪行給毀了。

靜坐冥想成為他的生命重心。他知道，如果要繼續生存、要尋回理智，他必須致力奉行此事。他開始靜坐兩個、三個小時，再持續到每天四個小時。

他有個關鍵性的經歷可茲證明。一天晚上他在靜坐冥想時，突然發現他的頭腦完全靜止，精神全然集中。他知道四周充滿著吵鬧聲，但他絲毫沒有分心。在密集的禪修時，他有很多次這樣的經驗，但從來沒有像在這樣的亂象之中發生過。繆爾第一次了解這是可行的。

後來，即使他仍經歷著巨大的悲傷和痛苦，但冥想幫助他堅持下去了。

「只要願意練習就會有效，我們就可以活下去。」繆爾對達賴喇嘛說：「然而，大多數囚犯沒有像冥想之類的方式，能幫助他們心胸開闊地活著。他們不該為了生存，就得變得兇狠、暴力和憤怒。」

達賴喇嘛轉向錦帕用藏語對他說話。

錦帕翻譯道：「尊者說，他很高興你的心改變了。他說，你在監獄裡面對這麼困難的情況，還能改造自己，你應當做為很多人勵志的典範。」

我感覺到達賴喇嘛與這些囚犯的會見讓他深受影響。他聽過西藏難民在中國難民營裡的悲慘情況，但這是他第一次聽到有六萬名囚犯被關在美國監獄裡，並且有這麼多人被困在一個憤怒和絕望的世界。這些訊息讓他感到非常難過。他的心與那些失去自由的人們緊緊相繫。

殺死陌生人

沃克曼路蜿蜒穿過北愛爾蘭西貝爾法斯特一個不起眼的住宅區。狹窄的街道兩側是三層樓高的磚房，不遠處可以看到連綿起伏的山丘。附近最引人注目的，是六公尺高的雄偉鋼閘門，形成街道的路障，以防止行人和車輛通過。這是惡名昭彰的「和平線」的一小部分，在過去的四十年裡，綿延好幾里長的路障分成數段，將西貝爾法斯特的市中心分為新教徒區和天主教徒區。這是個經過破壞性的對抗、無數的槍擊和爆炸事件的現場——這是無情的提醒，也是社區居民無法共存的悲慘後果。

二〇〇二年十月，一個陽光明媚的秋日，氣溫宜人，天空是不可思議的藍，只有幾片細緻的雲彩飄過。儘管路障仍然不祥地矗立著，但對立的雙方在卻充滿節日喜慶的情緒。在新教徒區，一大群穿著校服的學生大聲地閒聊著，在他們旁邊有十幾名男子拿著電視攝影機。一個二十多歲的女孩拿著一個大型手繪標誌，上面寫著「達賴喇嘛萬歲！西藏自由！」。幾個警察身穿白襯衫，繫著黑領帶，目光敏銳，緊盯著經幡橫空串起、跨越兩邊狹窄街道的不尋常景象。

一個小小的車隊，在六人警用摩托車的前導護航下，來到鋼閘門附近。達賴喇嘛在一位穿著深色西裝的高大警察協助下，從紅色消防車中走了出來。

迎接他的是位新教牧師巴里．多茲（Barry Dodds），和一位天主教神父格里．雷諾茲（Gerry Reynolds），兩人都曾參與天主教與新教的和解。他們都渴望能立刻跟他說話。

達賴喇嘛微笑著，但他聽不懂他們在說什麼。一大群人聚集在一起，噪音很大，愛爾蘭的口音聽來也頗為陌生。這兩名男子穿著深色西裝和圓領衣，看起來長得很像，他們都戴著大眼鏡，唇上留著小鬍子，臉頰兩邊的鬍鬚濃密。

雷諾茲對達賴喇嘛說：「我們來自牆的兩邊。」而多茲進一步解釋說：「分別是新教和天主教徒，將與你同行。」

達賴喇嘛終於意識到，這兩名男子來自不同的基督教傳統，他們是北愛爾蘭兩處交戰區各自的宗教領袖。他抓住他們的脖子，把他們牢牢擁抱在一起。他摟住他們，兩人的臉緊緊貼在他臉頰上好久好久。

對達賴喇嘛來說，這個場合深具意義。在達蘭薩拉家中的冥想室，他認真地從短波收音機聽到世界各地的訊息。從英國廣播公司的世界新聞報導中，他聽過無數次的宗派衝突。現在，他首次訪問北愛爾蘭，飛機才剛在貝爾法斯特國際機場降落，他就被護送到衝突的「震央」所在。他看到以沉重的鋼筋水泥建構而成的和平線，這個實體結構設計是為了保持天主教徒和新教徒雙方的安全。一年當中，這個路障的大門大部分時間是鎖住的，偶爾才會打開。達賴喇嘛將以具有象徵意義的姿態，跨越這個鴻溝。

宏偉的市政廳是建築傑作，具有造價不菲的巴洛克復興風格，華麗的波特蘭石是來自英國德文郡的採石場。大廈四周環繞著怡人的綠色草坪。在午餐時間這裡會變得很擁擠，辦公室的工作人員都在這裡匆匆進餐。

正廳內的舞台前方，有一整面大型彩繪玻璃窗，上面畫著十九世紀國王和王后訪問貝爾法斯特的情景。與達賴喇嘛會面的活動大約有三百餘人參加。我看著達賴，感覺他在椅子上坐得很直，只有一個小小軟墊的座椅上一定不太不舒服。我們這些知道他身體語言的人看得出這種跡象，顯然他寧願坐在大扶手椅上，這樣他可以放鬆，脫下鞋子，盤腿成蓮花坐。

「很高興見到你們。」他對與他同坐在舞台上的一小群北愛爾蘭人說：「我知道你們都經歷了非常困難的情況，每個人都有相同的痛苦經歷。因此，這是個很好的機會，你們可以彼此分享你們的感覺，你們的悲傷。」

在那苦難的時期，他們之中有些人曾有危及性命的親身經歷。瑪麗．漢農弗萊徹（Mary Hannon-Fletcher）就是其中之一。她坐在輪椅上，旁邊就是達賴喇嘛。她是位年約四十的優雅女人，看起來安祥寧靜，穿了一件精心剪裁的黑色外套與粉紅色上衣。

漢農弗萊徹用一種平淡、不帶感情的語氣說道：「一九七五年十月，那時我還年輕。有天晚上我看完電影回家，感覺有輛車在我身邊放慢了速度。」一開始她有點擔心，然後也沒把這事放在心上，因為她當時是跟一名年輕男子走在一起，正要過十字路口。然後她看到車窗搖下，裡面有把槍指著他們。「我心想：『天啊，他們要向我們開槍！』」漢農弗萊徹說。在她的腦海裡，她預期那名年輕男子可能會提醒她，他們才剛看過《教父第二集》，或許警匪片的情節刺激了她的想像力。然後，不可思議的事情發生了。

「我記得聽到巨大的爆炸聲，我被推倒在地上。」漢農弗萊徹繼續說。達賴喇嘛抬頭看著天花板，他的臉上一反常態的嚴肅。「幾秒鐘後，爆炸停止了。我想要起身，男孩說，『躺下，假裝妳已經死了。』這時我才意識到他們還在射擊。當一切都停止後，他站了起來。我想要站起來，但我做不到。我居然沒有任何感覺了，好奇怪。」

最終，救護車趕到。當醫護人員將她抬起時，她才意識到事態嚴重。她開始痛苦尖叫。從此，漢農弗萊徹再也無法行走。當時，她和朋友被誤認為是準軍事部隊的成員，槍殺他們的是愛爾蘭共和軍。她在皇家維多利亞醫院住了好幾個月，後來在復健中心，坐在輪椅上展開新的生活。

「我認為沒有任何家庭應該受這樣的罪。」她告訴達賴喇嘛，他正熱切的注視著她。她的語氣平靜，但在座的每個觀眾都能感受到她的痛苦。「我不認為這是可以包容的。我不認為任何人有權利奪取另一個人的生命或傷害別人。發生此事這是我一生中最大的遺憾。我們需要親切善良、真實誠懇的人努力幫助我們獲得和平，杜絕苦難。這就是我想說的。」

大廳中掌聲雷動。一個戴著墨鏡的男人坐在漢農弗萊徹身邊，一隻手放在她肩上，對她說了些什麼。她咯咯地笑，臉上因為想要努力控制自己的情緒而顯得紅通通的。

達賴喇嘛無從理解新教徒與天主教徒之間的百年敵意。早些時候在市政廳裡，他曾告訴一群年輕的觀眾：「在某種程度上，同樣信基督教的人卻互相殘殺，是不是很令人難以置信？這似乎很愚蠢。如果有人將佛教和基督教做比較，那麼確實是有很大的差異。但是新教徒和天主教徒之間沒有如此大的鴻溝。跟你們彼此相比，我和你們之間的差異更大。不過，我祈許你們永遠不要放棄希望。對此我無能為力，因為最後的結局是掌握在你們手中，你們這些北愛爾蘭的年輕人手中。」

達賴喇嘛從未失去對西藏所抱持的希望。中國現在已經佔領了西藏近半個世紀，而中國赤化的跡象也更加明顯。北京對西藏高原的掌控是無情的，解決方案遙遙無期。

「這些天，中國政府指控我，」達賴喇嘛告訴與他一起坐在舞台上的愛爾蘭受害者。「他們把我的照片弄得像個半人半鬼，」他把手放在頭頂，食指直立。「他們叫我『怪物，人面獸心，佛教敗類。』」他恣意地捧腹大笑。「去年，他們在中國捏造了一個謠言，最後也傳到拉薩。他們說，達賴喇嘛已經得了癌症，所以達賴喇嘛是癌症病人，在幾個月內就會死掉。」

回首如許艱難的歲月，達賴喇嘛告訴我，這些時刻正是激發他內在深厚實力的時機。他認為，走出巨大的創傷之後，他已經脫胎換骨，心智成熟，得以悟道。現在，他經常想像他的敵人刻意要破壞他的生活，但這樣更能幫助他培養出面對逆境時的無比耐心。他深信，沒有耐心就很難發展出有意義的愛心和慈悲心。即使是輕微的刺激也會讓人分心。如果我們生活很輕鬆，缺乏挑戰，就會變得自滿。在採訪中，達賴喇嘛已經告訴我好幾次，最好的老師，就是他的敵人，他應該要尊重，甚至感謝這些人。

阿利斯泰爾・賴特（Alistair Little），是個安靜而神經緊繃的人，坐在達賴喇嘛的左邊，面對著瑪麗・漢農弗萊徹。他四十出頭，頭髮剪得很短。他穿了一件簡單的深藍色毛衣，秀出肌肉發達的體格。他看起來非常安靜，強壯，但又奇怪地有點壓抑，彷彿他自覺格格不入。在漢農弗萊徹安坐上輪椅後，賴特向達賴喇嘛致意。

「我第一次接觸北愛爾蘭衝突是在我十四歲的時候。」阿利斯泰爾說著，眼睛盯著地板看。「我的家鄉被愛爾蘭共和軍的炸彈摧毀過兩次。我同學的父親被天主教共和黨的槍手殺害。我們覺得在成長過程中會失去所有親愛的人。我在十四歲時加入準軍事部隊，十七歲入獄，坐了十三年的牢。」

當賴特看到英國國旗披在他朋友父親的棺材上時，他決定加入了激進的北愛爾蘭志願軍部隊。當他看見愛爾蘭共和軍游擊隊員朝一個小女孩的父親開火而射中她的腿時，更是震驚萬分。賴特發誓，如果有機會，他一定會報復的。

三年後，賴特跑到阿馬郡的勒根市區一排連棟屋前，透過前窗，開槍打死十九歲的吉姆・格里芬（Jim Griffin），他是天主教徒。顯然，格里芬對他的一些新教同事造成了威脅。十一歲的喬・格里芬（Joe Griffin）看著他的哥哥在幾英尺外死去。後來賴特說，如果他知道那個男孩是弟弟，他也會殺了他。當時他懷著這樣的憤怒，甚至認為自己可以跳上公車，射殺車上的每一個人。

達賴喇嘛輕輕地搖了搖頭，很訝異有人居然會因為憤怒而殺死一個陌生人。他知道，憤怒和仇恨會扭曲我們的視野，敵人所有的負面行為也會被過度誇大。

「在獄中，我已經開始自我反思。」賴特繼續說著他的故事：「大約有兩年左右，我反省行使暴力的問題，以及我在這場衝突中扮演的角色。對於家人因為我而不斷受苦，我感到內疚。就在幾個月之內，我的父母都老了十幾歲。」

賴特停止說話。他盯著麥克風，好像那個東西有無窮的魔力。

終於恢復鎮靜後，賴特繼續以緊張的聲音說道：「這是第一次，我能看到敵人人性化的一面。在此之前，我讓他們妖魔化，一個人只要被妖魔化了，就很容易對他行使暴力。你不會考慮到他們的痛苦，不會考慮到他們的家庭，也不會考慮到給自己造成的傷害。出獄後，我做社會服務工作，幫助那些因為暴力而傷痕累累的人，當作自我救贖。但我無法找回內心的平靜，我認為這是參與暴力行為所付出的代價。」

此時，坐在瑪麗．漢農弗萊徹旁邊，一位戴墨鏡的男子舉起手來，達賴喇嘛期待地看著他。

飄過的雲

「我的名字是理查．摩爾。我昨天會見了達賴喇嘛。」戴墨鏡的男子對眾人說。「我覺得我們像是老朋友了。至少在德里我是跟他這麼說的。」

在貝爾法斯特市政廳的大廳裡氣氛瞬間改變了。在此之前，阿利斯泰爾．賴特的故事，關於他殺人和在監獄裡的轉變讓許多人動容流淚。看著這位前準軍事部隊成員垂頭喪氣的蜷在椅子上，眼神落寞，讓人十分難受。無情的憂鬱籠罩著他。他似乎沉浸在自己的悲慘世界裡，重新體驗到槍枝與死亡帶來的恐怖，及被關押時綿長的無聊苦悶。

然而，摩爾是樂觀的，無拘無束，而且非常怡然自得。他三十多歲，梳理整潔，穿著漂亮的棕色西裝，打著紫色條紋領帶。在輪椅上的瑪麗．漢農弗萊徹轉過身，微笑地看著他。「正如你們所知，我瞎了。」摩爾說：「我跟達賴喇嘛說明了原因。當然，他說我因此會看得更清楚，更專注，以及與此類似的事。」

摩爾看起來不像是個瞎子。他的鏡片是淺棕色的，我可以很容易看透。他也沒有用拐杖。有人扶著他的手肘，幫他登上舞台。對於一個盲人來說，他似乎與周圍的環境格外融為一體。

「因此，我對達賴喇嘛建議，」摩爾巧妙地暫停一會兒後繼續說道：「他應該來我家，告訴我的妻子。」然後，又是一次戲劇化的停頓。「但他沒來。」

悲哀和不祥的沉重感已經蕩然無存。笑聲響徹整個房間。達賴喇嘛也面帶微笑。

☙

達賴喇嘛和理查．摩爾之間結緣是早一天在德里的會面。他們和其他六個人坐在一張桌前吃午飯，那是個美輪美奐、光線充足的房間。

摩爾正好坐在這位西藏精神領袖旁邊，有人拿了叉子，小心地用雙手放在這位盲人的手中。

摩爾說：「我剛好餓了。」

「我也一樣。來些米飯嗎？」達賴喇嘛說。不等他答覆，他就舀了一勺又一勺的米飯到摩爾盤中。

勞倫斯神父（Father Laurence），是本篤會的僧侶，也是他邀請達賴喇嘛到北愛爾蘭的。他很好奇摩爾的失明狀況。他問：「你究竟看得到什麼？」

摩爾答道：「我眼中並不是一片黑暗。我能看到這裡發生的一切。我能看到房間，桌子，還有每個人都坐在這裡，主要輪廓就跟我想的一樣。」

「你能看到東西嗎？你看到什麼？你能描述達賴喇嘛的模樣嗎？」勞倫斯神父問。

「哦，老天，不，他是我朋友，我可不希望破壞這點。」摩爾邊說著邊假裝恐怖的樣子。

達賴喇嘛剛吃完一大盤薯條。他把叉子放下，摘下眼鏡。「我想你可以摸摸看我的臉來吧。」他說著，邊抓住摩爾的手，放在他自己的臉上。

「哦，你非常好看。」摩爾說著用手搓揉達賴喇嘛的臉頰。

「鼻子，鼻子。」達賴喇嘛催促他。

「大鼻子。」摩爾捏捏鼻子。沒戴眼鏡的達賴喇嘛仰起頭，放聲大笑。他似乎認為有人不過在他臉上摸一摸，就能對他的特點開玩笑，是件非常有趣的事。

「我的頭髮。」達賴喇嘛吩咐道，他俏皮的一面顯露無遺。摩爾乖乖把手放在光頭上摩擦。「頭髮很濃密，很濃密。」他說。

達賴喇嘛把眼鏡戴上。「平時我戴眼鏡。」他告訴摩爾，並引導這位盲人的手碰觸到眼鏡。

「你戴眼鏡，」摩爾說。「這表示你的眼力稍微比我好一點。」

達賴喇嘛轉身開始吃東西，他實在太餓了，沒法繼續胡鬧下去，但這種少見的親密感在他倆第一次相遇時就已經定義了他們的關係。

ᘓ

隔天在市政廳，陽光穿透高大的彩繪玻璃窗，折射的光影均勻地灑滿舞台，光芒環繞著達賴喇嘛和三名北愛問題的受害者。

「我的故事始於一九七二年，當時我十歲。」摩爾俯身朝瑪麗．漢農弗萊徹及坐在她另一邊的達賴喇嘛致意，「我住在德里，一天放學回家。一名英國士兵從大約十英尺外朝我發射橡皮子彈。我這裡被打中了，鼻樑上。我的鼻子被夷為平地，一隻眼睛從眼眶跑出來，鬆鬆地吊在顴骨上。我的眼前一片黑暗。」

摩爾恢復知覺時，發現自己躺在學校餐廳的長餐桌上。音樂老師試圖把書包和血跡斑斑的襯衫從他身上切下來。他的臉毀容了，老師甚至無法辨識摩爾是他的學生。

「接下來我記得的事情是在救護車上醒來，父親和姐姐在我身邊。」摩爾繼續說。「父親牽著我的手說，『理查，你會沒事的。』母親在救護車外，他們不讓她進來，她太難過了。我在醫院住了兩個星期。起初，他們想我可能會受傷而死。然後，他們認為我可能會腦部受損。最後，才是擔心我的視力。」

全場觀眾都全神貫注。一位年輕的女孩用手掌撐著臉頰，學生們都集中精神。前排有幾個老婦人閉上了眼睛，似乎在沉思冥想。

摩爾說：「我走出醫院後，哥哥每天會帶我到一個小花園前前後後走一圈。在那個特殊的日子，他問道：『理查，你知道發生了什麼事？』我說知道，我知道我被槍殺。他說：『那你知道造成了什麼損害嗎？』我說不知道。他告訴我，我失去了一隻眼睛，另外一隻眼睛也永遠失明了。我接受了，就是這樣。」

摩爾彈了一下手指，啪的一聲刺穿了僵硬寂靜的房間。

「那天晚上，我躺在床上哭了。」摩爾繼續說。「我第一次哭了。我哭是因為我明白自己永遠不能再看到母親和父親的面孔。當你還是個小男孩時，你不會想到工作，也不會想到教育，你不會擔心這一生要靠什麼生活。我只是難過再也看不到媽媽和爸爸了。我哭著哭著就睡著了。」

二〇〇七年，距離貝爾法斯特會見北愛問題的受害者七年後，摩爾邀請達賴喇嘛到德里，在一個兒童權利會議上擔任貴賓演講。他也發了邀請函給我。

在達賴喇嘛抵達的前幾天，摩爾邀請我的家人到他家去。那年，我的大女兒麗娜十三歲，她正執導和製作一部有關北愛爾蘭教派衝突紀錄片，那是九年級的一個課程。她渴望能採訪理查．摩爾及他的母親，當作專題報告的一部分。

佛洛兒，摩爾的母親，八十出頭。她活力十足，精神奕奕，也不避諱談論昔日的那場悲慘風暴。她立刻和麗娜攀談起來，渴望能與之分享她的回憶，那件在一九七二年她兒子所發生的悲慘事件。

她告訴我們，一九七二年的德里是糟透了的一年。街頭暴力不斷，每個家庭都壓力很大。她的兄弟，傑瑞德．麥肯尼（Gerald McKinney）五個月前被槍殺，那是個惡名昭彰的血腥星期天，一月三十日，在不到一個小時的時間，十四名手無寸鐵的天主教示威者被英國傘兵軍團的士兵打死。這個事件改變了北愛爾蘭的爭鬥歷史，憤怒和不屈不撓的暴力行為最終被主張民權的非暴力運動終結了。被定義為北愛爾蘭內戰的北愛問題已歷時長達三十年，造成三千七百人死亡，此次也是長期鬥爭中最嚴重的暴力行為。

摩爾的叔叔傑瑞德死後不久，緊跟著就是摩爾被射瞎眼睛。這兩個事件幾乎毀了他們家。「我失憶了。」佛洛兒．摩爾告訴我們：「你相信嗎？理查被擊中後，有一些事情我不記得了，一切對我來說是一片空白。我不能吃，不能睡，但我不想讓他知道我很擔心他。但那只是因為……你一點辦法都沒有。我擔心他以後怎麼辦，他的生活會變成什麼樣子。真是太可怕了。」

「我還記得躺在床上，半夜驚醒的時刻。」摩爾補充道，他就坐在母親旁邊的沙發上。「她並不知道我是醒著的，她坐在我床邊，她已經心碎了。她向上帝祈禱。我記得她說：『他是個才十歲的男孩，請把視力還給他。』她完全絕望了。有人告訴我，我的父親站在街頭哭泣著，但我不認為我見過爸爸哭。」

「利亞姆把一切都放在心裡，」佛洛兒．摩爾說：「我可以哭，但他不能。我覺得那樣對他傷害更大。理查是他的全世界。我想如果他今天還活著，他會很高興看到理查如何走出來，而且能撫養自己的家人和面對種種一切，我認為他會非常高興。」

理查躺在醫院裡不省人事，利亞姆・摩爾衝到急診室的醫生面前，問道：「能把我的眼睛給我兒子嗎？」他已經準備好犧牲自己的視力，好讓十歲的兒子能夠再看得見。等父親去世後，理查・摩爾才得知他的慷慨行為。

在德里的會議正式開始之前，摩爾和達賴喇嘛花了一上午的時間接受記者的提問。麗娜很興奮。她早已收到主辦單位發的一枚官方媒體徽章，這也是她第一次參加記者會。她確定自己準備好大量的小型錄影帶，及充裕的攝錄影機備用電池。她坐在地上，把相機撐在膝蓋上。然後，達賴喇嘛和摩爾走進了房間。

在德里，摩爾已經是個名人，他的故事在當地早已家喻戶曉。但是，達賴喇嘛希望全世界都知道他，他渴望國際記者都能聽到這個寬恕的故事。

「理查・摩爾總是平靜、快樂而活力十足。」他告訴記者和電視台的工作人員。「他在年紀很小的時候被槍擊，現在眼睛也看不到。我懷疑，如果同樣的悲劇發生在我身上，我的反應是否能像他一樣。我不知道。但在他的情況，他的確身體力行了。他做到了寬恕。我自己還沒有做過這樣的嘗試。」

我不太明白他所謂的「嘗試」是什麼意思。我猜達賴喇嘛想說，雖然他經常談到寬恕，他自己卻並沒經歷過這樣一個改變生活的創傷。他不能肯定的是，如果他是在摩爾的情況下，是否能夠如此輕易原諒那位肇事者。

達賴喇嘛把目光轉向摩爾說：「我問他與母親間的關係如何。他告訴我，是很溫暖、很親近的感覺。我認為這是他變得更有慈悲心的主要因素。當意料之外的悲劇發生了，他的反應比較平靜。沒有憤怒，也沒有仇恨。」

摩爾從來不允許悲傷破壞他積極的人生態度。「我學會了用不同的方式看待人生。」他描述他接受現實的獨特方式，而對於大多數人來說，那卻可能是致命的創傷。「我爸爸總是說：『不要讓路過的雲毀了一個陽光燦爛的日子。』」

「有幾個原因可以說明為什麼我能夠很快地接受了失明。」摩爾說；「我有很多家人和朋友即時的支持，當地和全國媒體也有很多的關注。政治領導人到我家來，對我諸多關照。一夕之間，我成了名人，我覺得自己是重要的。還有另一個原因：我生來就是個快樂的孩子。我有快樂、知足的性情，那是父母遺傳給我的個性。我從來沒有聽到他們說過一句憤怒的話語，一次也沒有。」

在這個小小的舞台上，摩爾和達賴喇嘛坐在彼此旁邊，手牽著手。這位西藏精神領袖即便傾身向前強調某個重點時，也沒有放下他的手。

「我第一次見到他的時候，」達賴喇嘛繼續說：「他告訴我說，他失去視力後，就想到再也沒機會看到母親的臉。這非常感人。這說明他與母親非常親近。也證明了他對人類的情感有強烈的感知，是源自於他的母親。」

達賴喇嘛轉過身來再看著摩爾。他放下這位盲人的手，站起身來，把他的椅子拉近摩爾一點。然後，他伸出手，再次握住對方的手。

「所以，現在我要告訴你們，」他繼續說：「今天早上他的妻子和兩個女兒一起來看我。我逗他說道，因為他內心平和，所以遇到了美麗的妻子。他不能看到妻子的臉，但我可以看到，她非常漂亮，他的兩個女兒也非常有吸引力。他無法享受到這些，但我可以。」

現場一陣哄堂大笑。「因此，我告訴他的女兒，」達賴喇嘛說：「她們應該追隨父親的的精神，在慈悲的基礎上實踐寬恕。不只為自己這一代，也是為下一代。她們的孩子，孩子的孩子，應永遠追隨她們的父親、她們祖父的精神，今天早上我向她們表達了這一點。理查・摩爾是我心目中的英雄，但我不知道他信不信。」
摩爾立刻回答道：「既然你說了，我就相信。」

送給達賴喇嘛的禮物

理查．摩爾的組織──「戰火中的兒童」，於一九九六年成立，已經讓全世界對十四個貧窮地區的兒童困境有更深一層的認識，這些國家包括巴西、哥倫比亞、馬拉威、甘比亞、幾內亞、衣索比亞和孟加拉。「戰火中的兒童」進行的計畫，包括救助流浪兒、幫助兒童軍人恢復健康，乃至於到創建農業和水利系統的專案。在達賴喇嘛預計抵達德里的前一天下午，摩爾已經邀請了我的女兒麗娜和我一起去「戰火中的兒童」位在德里的辦公室。他回憶他被射傷的故事，還向我們展示讓他瞎掉的橡皮子彈。

「很多人認為橡皮子彈是一個小顆粒，」摩爾說，他的手裡拿著一顆黑色的彈丸。它的材質是硬橡膠，大約七英寸長，直徑為一英寸左右。「它從這個方向以每小時一百英里的速度打過來，擊中我的鼻樑。你可以看到它造成的傷害。這東西很硬並沒有彈性。」我可以想像在十英尺之外發射時，會對一個十歲的男孩造成何種傷害。

摩爾所組織的國際會議即將開始，而他卻出奇地輕鬆。他的貴賓，達賴喇嘛，將於隔天到達。

摩爾想告訴我們，二〇〇〇年達賴喇嘛第一次來北愛爾蘭，會見了北愛問題的受難者，在那場很激動的會議之後發生了什麼事情。二〇〇五年，達賴喇嘛重回貝爾法斯特，在海濱大廳主持一個講座。摩爾坐在台下，這位西藏精神領袖告訴台下的觀眾，上次訪問北愛爾蘭讓他印象最深刻的是遇到一個來自德里的人，他被槍擊而且喪失了視力，但他很快就原諒了那個改變他一生的男人。

「我坐在那裡想，『那就是我，他在談論的就是我。』我想跳起來大喊，『我在這裡，達賴喇嘛，我在這裡！』」摩爾說，「當然，他不知道我在觀眾席中。整個體驗非常令人感動。」

在乘車返回德里的途中，摩爾突然有所頓悟。他對於自己的故事讓達賴喇嘛印象深刻而深受感動。他告訴我：「如果像達賴喇嘛這種全球性的偶像人物在多年之後都還記得我，認為我的故事值得一再傳誦，那麼我應該更進一步，去找到那個向我開槍的人。」

過去這些年來，摩爾曾多次想到那名士兵。他不知道他的名字，也不知道他有沒有家庭或孩子。他很好奇，想要知道發射橡皮子彈的那個人是否質疑過自己這個可怕的舉動，是否有一絲的悔意。隨著時間的推移，尤其是在射擊事件的週年日，想要與那名士兵會面的渴望越來越強。

達賴喇嘛在二〇〇五年訪問貝爾法斯特不久之後，英國廣播公司製作了關於摩爾的紀錄片，在此過程中也想設法找出那位士兵。而他們首次見面會是該影片的一個關鍵要素。雖然摩爾渴望和這名士兵見面，但他否決了這個想法。「我拒絕讓這種事情發生的原因有兩個。首先，我不希望那個士兵認為我是在做宣傳。第二，一旦你把攝影機放在房間裡，事情就會產生變化。我不認為那個士兵會表現出自己真正的樣子，我也不會是我自己。」

花了幾個星期，考量過最好的方案後，摩爾寫信給查爾斯．內斯（Charles Inness），那個讓他變瞎的人。他說：「我知道，這封信可能會讓你震驚。我要向你保證，讓你感覺難過，或覺得自己有罪，並不是我的目的或動機……所以，為什麼我想要見你？我可以回答這個問題，但答案並不完整。我可以誠實地說，從我受傷那天開始，就從來沒有對你有一絲一毫的惡念。我確定你會欣賞這樣的想法：在我的一生當中，發生在我身上最重要的事就是被槍殺與變成盲人。當天只有另一個人直接與此事有關，那就是你。所以我想認識你，好有個圓滿的結局。」

住在蘇格蘭一個小鎮上的內斯花了三個星期，來思考這個意想不到的情勢變化。他終於回信給摩爾，並建議他們在愛丁堡一家酒店會面。

摩爾告訴我，他提早趕到會合地點，喝了一杯酒，並打電話給他媽媽，她很擔心這次的會面。他設法安慰她。然後，摩爾聽他的有聲讀物——《達賴喇嘛流亡的自由》，但他無法集中精神。

最後，他聽到腳步聲走近，然後是成熟有教養的英國腔說：「你好，理查。我是查爾斯・內斯。」摩爾站起來和他握手，並說：「你好，查爾斯。很高興見到你。非常感謝你來見我。」三十三年的漫長等待已經結束。

ￓ

二〇〇七年，摩爾邀請達賴喇嘛到德里幫助慶祝「戰火中的兒童」成立十週年紀念會。但他為一個棘手的問題困擾著：他能給達賴喇嘛什麼樣的感謝禮物？

「他根本就不想要物質上的東西。」他告訴我：「然後我想：我可以給他最好的禮物就是那個士兵。我和那名士兵。達賴喇嘛就像是寬恕的管理員，我想他會高興看到我和那個射瞎我的人在一起。」

七月十七日，就在會議開始之前，達賴喇嘛私下會見了摩爾和那名士兵。眾多的國際媒體已經到德里報導達賴喇嘛此次的來訪。內斯在鎮上的消息已經傳遍，記者們都吵吵嚷嚷著要採訪他。成為我的女兒，麗娜，十三歲的獨立電影製片人，在酒店走廊裡尾隨他。她排除萬難，是唯一一個成功訪問到他的人，而我被允許尾隨在側。

在旅館房間裡，內斯坐在我們對面。他六十歲出頭，歲月對他一直很仁慈，雖然頭髮花白且有點稀少，但他看起來仍然年輕，充滿活力。他的臉上最突出的是高高的鼻子，沒什麼皺紋，看起來氣色很好，十分健康。

內斯似乎渴望與我們交談。理查．摩爾已經是位北愛爾蘭的名人，他的故事被傳誦多次。但到目前為止，沒有人直接從那位士兵口中聽過這個故事。麗娜問他關於在愛丁堡會見摩爾的事。「對大多數人來說，這是一個很奇怪的情況。」內斯告訴我們，「你碰見某個你從來沒見過的人，但你覺得好像已經認識他一輩子了。我們談到彼此的職業、愛好，共處了五個小時。我們不停地說話，時間也飛逝而過。」

「一九七二年那一天到底發生了什麼事？」麗娜問。

「人們朝我們這些士兵投擲石塊和磚頭，」內斯說：「我們唯一能做的是不得不走出庇難所，朝他們大吼。但隨後又有人在路的盡頭拿著步槍和望遠鏡瞄準器，準備射死你。或者你也可以使用橡皮子彈槍或滑膛槍。它基本上是根槍管，沒有槍內膛線，所以，彈道是完全不穩定的，超過約十五到二十碼就毫無用處。

「如果碰到有人站在二十碼左右的地方，這些子彈就會轉彎射到你。原本的目的是要讓戰士用這種東西來射擊，孩子們也收集它們作為紀念品。我們發射了數千枚，實際上造成的傷害都極小。

「當我後來發現理查發生了什麼事時，我完全崩潰了。我簡直不敢相信它造成了這樣可怕的傷害。如果我知道會發生什麼事情，我肯定不會發射。但在當時，我有正當的理由這麼做，目的是要把那些孩子趕走。這個想法我從沒有改變過。

「我沒有任何內疚。不過，我非常悲傷。我從不奢望理查的寬恕。我不認為他應該原諒我。事實上，我們成了很好的朋友，這是一件最美妙的事情。」

麗娜想知道早晨他和摩爾會見達賴喇嘛的情景。

「理查之前已經先簡明扼要地介紹過達賴喇嘛。」內斯說：「我們走進去，達賴喇嘛伸出手臂摟住理查，他總是這麼做。然後，他也伸出手臂摟住了我。

「我們坐了下來。他說：『告訴我你的故事。』我說：『我敢直視你的眼睛，告訴你：如果我知道我會傷害理查這麼深，我可以向你保證，閣下，我絕對不會用橡膠子彈來射擊。』他說：『當然，我相信你。』」

「你對與達賴喇嘛會面的感覺如何？」麗娜問。

「像我這樣的人，在達賴喇嘛面前我一點也不覺得狼狽。一切完全如我所料。他的行為正和我想的一樣，理查也是如此。這是一次充滿喜悅的體驗。」

❦

在德里的千禧年論壇大廳內只能容許人們站著。千餘名嘉賓齊聚一堂，傾聽達賴喇嘛為「戰火中的兒童」紀念會閉幕儀式演講。麗娜自豪地戴著她的媒體通行證，成為記者訪問團中的一員。

理查．摩爾介紹達賴喇嘛，然後讓他發表專題演講。在這個晚上快要結束時，意想不到的事情發生了。查爾斯．內斯鄭重地走上舞台，發表即興的演講。他開始向群眾致意，聲音微微震顫。我知道他要向德里的人開口說話有多麼困難，畢竟摩爾是他們最喜愛的兒子。

內斯說：「三十五年前，我做了一個導致悲劇的舉動，使理查的眼睛瞎了。這件事讓我感到震驚，我也被毀了。多年來我一直很沮喪。現在，我們是最好的朋友。如果理查和我能做到這一點，那麼這個國家和其他任何人都還有希望。」

達賴喇嘛站了起來，走到內斯身邊，抓住他，給他一個緊緊的擁抱。然後，他拉著摩爾靠近他們，盲人、三十五年前朝他開槍的士兵和那位西藏人，三個人擁抱在一起。站在一旁的人群合為一體，爆發出衷心和雷鳴般的掌聲。許多人都感動得熱淚盈眶。

第二天當我們離開這裡要前往貝爾法斯特，在回家之前，我和家人又順道去拜訪了摩爾。就在我們搭上巴士時，他透露道：「當我意識到查爾斯在舞台上時，我都快崩潰了。我答應他，不會讓媒體知道他在鎮上，我想保護他的隱私。但讓我更驚訝的是，達賴喇嘛居然在暗中安排了這一切。」

第二部 心靈的教育

我希望有一天，正規教育將注意到我所說的「心靈的教育」。
正如我們理所當然認為應要掌握並熟練最基本的學術科目一樣，
我希望，有一天，
我們也可以理所當然地認為孩子應該要學習不可或缺的內在價值，
如愛心、慈悲心、正義感和寬恕，將這些視為學校課程的一部分。

——達賴喇嘛

露西與婷

達賴喇嘛步上講台，走近兩位與會的大師，他們正站在那兒等著迎接他。他與一位十一年級的學生史蒂芬・包利斯（Stephen Boles）鄭重握手，然後又跟艾嘉麗・阿帕杜萊（Anjali Appadurai）做了同樣的動作。他們握手時，這位十六歲的女孩謹慎地向前彎腰，她的頭非常輕微地朝達賴喇嘛傾斜，達賴喇嘛馬上也這麼做。他們的額頭輕輕地互撞了一下，而手仍然握著。達賴喇嘛怔了一下，仔細地看了看她，呵呵一笑。

我看得出來，他很驚訝。對達賴喇嘛而言，這不是尋常和人打招呼的方式，他以前從沒這樣做過。我曾經見過他與很重要的西藏喇嘛做額頭對額頭的問候，這是極為尊重的姿勢。但是，這是我第一次見到他把這個禮儀運用到一個高中生身上。不知何故，阿帕杜萊也許是出於直覺，並沒有預謀，然而她把握住這個機會，獲得了特別的祝福。

四個學生等在舞台的中央。達賴喇嘛慢慢走向他們，跟每個人碰觸額頭。負責主持這場會談的十二年級的安吉拉・蔡（Angela Tsui），指引著達賴喇嘛和他的翻譯土登・錦帕，走向有扶手的皮椅。達賴喇嘛坐了下來，望著前面的觀眾，容光煥發。在他眼裡閃爍著調皮的神采。我非常清楚，他很期待與學生對話。

在達賴喇嘛來到舞台之前，我一直惴惴不安，不確定事情將如何展開。多年來，我已經籌辦了多次與達賴喇嘛相關的活動。世界級的思想領袖和著名科學家也都曾和他對談。但現在，在二〇〇六年九月的溫哥華奧芬劇院，是第一次所有與會小組成員都在二十歲以下。

達賴喇嘛彎下腰，脫下棕色牛津鞋，在扶手椅上盤腿成蓮花坐。

蔡，一位來自溫哥華的華裔女孩，對達賴喇嘛說：「閣下，我們知道自從您成為加拿大榮譽公民以來，這是您第一次到加拿大。我們很樂意贈送一份特殊的禮物歡迎您。」她從一個紙袋拿出一頂橘紅色的遮陽帽，上面寫著加拿大。「我們知道您喜歡帽子。」

達賴喇嘛把腿伸直，又站了起來，把帽子接過來。

「這太好了，」他邊說邊坐回去。「可以保護我的眼睛。很實用。不過有點緊。」他轉轉帽子，就罩在額頭上，而不是緊貼在頭上。

「為什麼您來這裡與年輕人討論慈悲的話題這件事很重要呢？」蔡問達賴喇嘛。她泰然自若，清楚而緩慢地闡明了她的話。儘管在奧芬劇院中，有兩千名與會者，另外在世界各地還有數以百萬在看實況轉播的觀眾都一字不漏地傾聽她的發言，她卻毫不緊張。

的是讓我們的下一代明確地運用他們的大腦，通過全面的方式，清楚地看到這嶄新的實相。最重要的是：要採取行動。所以這就是為什麼我很快樂的原因。」

達賴喇嘛的臉上露出了頑皮的表情。他指指錦帕，這位他忠實的翻譯員，然後說：「與其看這些老人的臉，還不如看年輕人的臉。」他哈哈大笑，晃了晃頭，看著坐在兩邊微笑的年輕學生。錦帕看起來有點擔心的樣子，他不過才四十出頭。達賴喇嘛怕對方可能誤解了，伸手拍了拍他的肩膀。

達賴喇嘛經常說到實相和外觀之間的差距。他是這個星球上最受欽佩的人之一，但他對自己卻不抱任何幻想。他總是不留情面地檢試自己，評估自己的長處和短處。他認為自己只是一個佛教的和尚，他總是告訴聽眾，他沒有特殊的法力，他幫助人的能力是有限的。他說，他能夠做的就是給一些建議，分擔別人的疑慮。他的方法是嚴謹地分析任何情況，並嘗試從多角度來觀察。他的思維方式給人關懷與細膩謹慎之感，這也正是他做人做事的方法。

一位坐在達賴喇嘛旁邊的十二年級學生露西王，告訴他一個關於她表妹婷的故事。婷住在中國，雖然年輕，卻一向成熟、果斷、負責任。在她十二歲，當父母在工作時，婷已經開始要負責照顧她的小妹妹。因為家裡很窮，婷不得不輟學，賣冰淇淋幫忙貼補家計。

暑假時，露西去看過婷。她已經有很長一段時間沒有見到表妹了，當時她被對方外表嚇了一跳。每天站在烈日下賣雪糕的日子讓婷毀容了，看上去比實際年齡老多了，皮膚也乾燥脫皮。在那段時間，這兩個女孩開始一起賣冰淇淋，結果銷量糟糕透頂。第一天下午，她們總共只賺到二十美分，而且露西還被曬傷得很嚴重。婷決定不要讓她受苦，之後拼命省下每一分錢買了陽傘保護她，還為在秋季開學的妹妹買了學校用品。

那個夏天快結束時，鄰居一位老太太被診斷出從手指直到腎臟的部位都被感染了，她迫切需要費用昂貴的醫療。婷毫不猶豫就把她所有的積蓄，大概七十美元全給了老婦人。她告訴露西，她自己的需求可以等待，但對老太太來說這卻是生死攸關之際。露西深深被表妹的利他主義所感動，而她自己看待生活的角度也改變了。

現在，她告訴達賴喇嘛，她想貢獻自己的一生來幫助別人，而且她每天都祈禱婷能實現自己的夢想。

說完她的故事之後，露西向達賴喇嘛強調：「閣下，教育教導我們一切，包括慈悲心。但我發現有些人，像婷，即使他們沒有受過太多教育，仍然也很慈悲。這是否意味著，教育與慈悲心無關？」

所以，運用教育來訓練你的頭腦吧！藉由練習，讓我有更深一層的體驗。無偏見的慈悲使我內心平靜，身體更健康。」

根據達賴喇嘛的說法，在某種意義上來說，我們對家人和好友的感情是具偏袒和親密性的，但這也會隨著情況改變而發生變化。然而，公正的慈悲是基於對人性的認知，因此即使是我們的敵人，也跟我們一樣有權利追求幸福快樂，避免痛苦。這樣的慈悲心可以擴及到每一個人身上。

「我覺得我的心智情況也更好了，至少有更多朋友。」達賴喇嘛繼續說。他的加拿大遮陽帽果然太緊了，他把它往前推了些，結果帽子就在他的光頭上搖搖欲墜。「無論我走到哪裡，通常人們都會對我開心地微笑。我覺得我的臉沒什麼特別，就跟大家一樣，只不過多半是面帶笑容的。該怎麼笑呢？我不認為我的微笑是虛假或有心計的，或是我微笑就會得到金錢或名利或東西。不是這樣的，我的笑容沒有算計，而是發自內心的。我認為任何人都是一樣的。從我們每個人的肉身，」此時，達賴喇嘛瀟灑地拍拍他的手腕說道：「我們大家都具有相同的人類情感，包括智慧和慈悲。慈悲能幫助智慧或智能變得更有助益，而智慧則能培育並維持慈悲心。」

對達賴喇嘛來說，慈悲與智慧是社會的基石。他認為，不論在家庭或學校，我們都應該有系統地培育熱忱而善良的文化，這是獲得幸福生活不可或缺的關鍵因素。

他認為青少年的教育必須從根本改變，我們必須在追求學術卓越成就的同時，還要注重人與人之間情感上的寬容，以培養出人格完整、富有慈悲心的人。

達賴喇嘛很可能是這樣想的：愛使大腦成長，而大腦也使愛茁壯。

上帝不是基督徒

英屬哥倫比亞大學的陳氏表演藝術中心，看起來像個閃亮的圓柱形碉堡，在此可以透過小窗望見一座小型而茂密的南歐黑杉林、紅杉和杜鵑花。它的外觀鋪著能感測天氣變化鋅面板，會隨著溫哥華不斷變化的天氣類型而產生化學反應。這棟建築物的結構看來有點沈鬱，或許是因為它的地理位置，是處於西北太平洋潮濕、灰色、青苔處處的環境。但進到內部感覺則截然不同了，裡面全是木頭貼皮，設計得美輪美奐，尤其是音響效果在加拿大可是數一數二。在二〇〇四年的春天，這個中心與大學共同合作，在大廳舉辦了一場這所城市近來最值得期待的對談活動。

達賴喇嘛戴著橘色遮陽帽，坐在舞台上，旁邊坐著圖圖大主教（Archbishop Desmond Tutu），他剛從南非飛來。達賴喇嘛像平時一樣在皮革扶手椅上將雙腿盤成蓮花坐姿，只是這個椅子有點小，要盤腿有點困難。他的膝蓋稍微伸出了扶手。

他對圖圖大主教說：「我最關心的，是該用什麼方式來探討更深入的人性價值，才是最好的方式，像愛、慈悲、寬恕等這些事物。而且，不依靠神，而是靠自己的力量。」

圖圖大主教坐在椅子上傾身向前，之前他盯著自己擱在腿上的手直瞧。他穿著深色西裝，一件醒目的紫色襯衫帶著鮮明的洋紅色調，還有條大型金屬十字架掛在牧師領下方。

達賴喇嘛說：「就我自己來說，我相信我是佛教的和尚，所以對於自我改進，會盡量朝佛法修行。但當我與別人交談時，我從來不談論這個。佛教是我自己的事，跟別人無關。老實說，」他偷偷瞄了一眼大主教，然後堅定地聲明道：「當你和我們的兄弟姐妹談上帝、談創造者時，我可是一點都不相信。」他笑了，或許還有點難為情的樣子。

在我看來，經過這些年，達賴喇嘛對於上帝的感受已經改變了許多。在早期的採訪中，當我問他是否相信上帝的存在時，他會簡單地答道：「我不知道。」他採取的是不可知論者的觀點：他明白，無法用任何方法能證明上帝的存在。

「在佛教中沒有創造者，」達賴喇嘛說：「但是，我們也接受佛、菩薩，這些更高層的存在。然而，如果我們僅僅依靠高層力量，我們就會坐在那裡，偷懶。」他靠在椅背上，頭向後仰，朝天翻了個白眼。

「根本無濟於事。這就是我的看法。」達賴喇嘛做了結論。

圖圖大主教雙臂交叉在胸前，他似乎在沉思，而且是陷入深思。不久，他露出微笑。

他說：「你在談論上帝是否存在時，是在怪誰？」圖圖大主教從地板上抬起雙腳，前後搖晃著椅子。他露出有點不太自在的笑容，也許這是一個內行人才懂得笑話。如果是這樣，我還真沒搞懂，也許他的意思是，如果沒有上帝，那麼就沒有任何人可怪的，只能怪我們自己？

圖圖大主教盯著達賴喇嘛看，整個大廳中都聽得到他招牌式的咯咯笑聲。達賴喇嘛向對方深深鞠躬表示敬意，腰彎到頭幾乎要與膝蓋齊平了。他迅速脫下帽子，極盡誇張地朝他的南非朋友行了致敬禮。圖圖大主教的神祕問題似乎讓他倆都感到興奮莫名。

有好長一段時間，圖圖大主教沒再說什麼。他在整合自己的想法，準備就這個主題做進一步的闡述。雖然他身材矮小，只有一百六十五公分左右，但卻是個引人注目的人物。他有著令人印象深刻的臉，五官明顯而立體。

在圖圖大主教再度開口前，達賴喇嘛承認：「我想……也許我會干擾你。不過我可以回應一下，就只是一點點、一小點可以嗎？」

「好啊，好啊，好啊！」圖圖大主教的尖叫十分響亮，高亢的聲音讓觀眾大吃一驚。他側轉全身，專注地看著達賴喇嘛。這兩位高齡的精神領袖，在這令人難忘的短暫時刻，再度變成孩子般地胡搞瞎鬧，他們也很高興有彼此作伴。曾有一次在奧斯陸的聚會，兩人在超級嘻笑喧鬧過後，圖圖大主教故作嚴肅地告誡達賴喇嘛：「你看看，攝影機就對著你，不要再表現得像個調皮的小學生了，試著做個聖人。」

在座無虛席的陳氏中心裡，他們兩人間的玩笑讓觀眾很開心。令人窩心的是，這兩個全球偶像人物並沒拿自己太當回事，他們可以毫無顧忌，有如孩童般地嬉戲笑鬧。大主教充滿野性的活力、戲謔不恭的言行，以及輕鬆愉快的戲劇化動作，感染了達賴喇嘛。他是如此渾然忘我，與這位非洲人配合得天衣無縫，果然他做了一件我以前很少見到他做的事。他完全不考慮細節或禮儀，打斷了正在思索中的圖圖大主教。

但圖圖大主教允許了他打岔，達賴喇嘛反變得嚴肅起來。他對大主教說：「問題是，如果涉及到宗教的信仰，就會產生很多不同和本質上的觀點分歧，會變得很複雜。」

「這就是為什麼在印度，」他指指圖圖大主教以示強調：「當他們起草憲法時，故意用世俗的方法。印度的宗教實在太多了，」他掰著手指一個接一個地算：「像是印度教、回教、佛教、猶太教、錫克教、拜火教、耆那教，好多好多。有虔誠信神的宗教，也有不信神的宗教。誰能決定誰是對的？」

達賴喇嘛說完了，他把橘色的遮陽帽再套回光頭上。

圖圖大主教說：「讓我先說一件事，我們必須先建立一個觀念……」在一陣長長的暫停後他說道：「上帝不是基督徒。」他頓了頓，轉頭看達賴喇嘛，淘氣的眼神閃閃發亮。果然不出所料，這位西藏精神領袖笑翻了。顯然，圖圖大主教還沒有胡鬧完。

「你覺得開心了嗎？」圖圖大主教問達賴喇嘛。達賴的身體往後退，想盡量遠離他的朋友，還用雙手蓋住眼睛表現假裝投降的模樣。

「我們可以繼續談下去，但……」圖圖大主教陷入了沉思。他說話時非常謹慎，並在每個短句後都停頓很長一段時間。他延續達賴喇嘛先前的話題說道：「關於榮耀的神，其實上帝是一個謎。上帝在很多方面都是相當令人難以置信的。但上帝允許我們誤解她……」這時觀眾們瘋狂地拍起手來，掌聲響徹屋宇，「但也理解她。」

「我經常說，我很高興我不是上帝；」圖圖大主教繼續說道：「但我也高興，上帝就是上帝。他可以看著我們以他之名說話，散佈仇恨，像對於種族隔離一事，教會就花了很長一段時間來辯解此事有其正當性。我們也做同樣的事，我們在談論同性戀者時說了很多醜陋可怕的事情。我們代表上帝發表有關愛的言論。

「我崇拜萬能的上帝。」圖圖大主教吟誦著，張開雙臂。他停下來沉吟片刻。然後他低聲說：「上帝也是難以置信的柔弱，完全沒有能力。我崇拜的上帝是萬能的，同時也是無能的。

當大廳裡爆發出一陣大笑後他繼續說道：「他可以坐在那裡，看著我做出錯誤的選擇。現在，如果我是上帝。例如，我看到這個人做了一個摧毀家庭的選擇，我可能會把他掐死。「但神的榮耀確實是令人不可思議。他可以坐著而毫無干預，因為他是如此地不可思議，如此地深沉奧妙，如此地敬畏我的自主權。他準備讓我去地獄，讓我率性自由，而不是強迫我去天堂。

「當他看到我們對彼此做的事情時，他哭了起來。但他不發閃電摧毀不敬虔的人，這是最棒之處了。上帝說，『我不能強迫你。但我求求你，請為你自己著想，做出正確的選擇。我求求你了。』

「當你做了正確的事，上帝會忘記神的神聖尊嚴，他會衝過來擁抱你。『你回來了，你回來了。我愛你。哦，多麼美妙，你回來了。』」

大廳中一片沉寂。圖圖大主教的演說如同一部精心之作，觀眾被他變幻莫測的表情迷住了，他可以在轉瞬間從炙熱的憤怒變成深沉的慈悲，他的高八度聲音能收放自如，手臂和雙手永遠不停揮舞著。他是位優秀的藝人和佈道者。

圖圖大主教喝了一口水。他講完了。

就在這時，一名十七歲的年輕男孩亞歷山大・桑切斯（Alexander Sanchez）走上舞台，站在講台後面。他是當地高中十二年級的學生，被挑選出要問大主教一個問題。

「首先，我喜歡您的帽子。」他對達賴喇嘛說：「橘色很適合您，先生。」這位西藏領袖感到困惑，年輕人說話有點太快了，他聽不懂。他的翻譯說：「他喜歡您的帽子。」

桑切斯針對圖圖大主教問道：「在學校裡，我們讀到或看到報紙上所有在非洲發生的流血事件，那些存在於黑人和白人之間的矛盾。你要如何在不剝奪人們選擇寬恕的自由意志前提下解決爭議？」

圖圖大主教把一隻手掌放到耳朵邊，他似乎聽不太清楚這個問題。陳氏中心的音響所產生的音樂效果極佳，但對於演講似乎有點不理想。未等桑切斯重複他的問題，大主教突然離開椅子，走到他跟前。他們握了握手，然後圖圖大主教伸出手說道：「來！我們來擊掌。」桑切斯很高興地照做了。他用手扶著大主教重複了他的問題。

「我認為，很多時候人們更會被故事所感動。」在圖圖大主教坐回椅子上後，他開始回答：「特別是聽到那些遭受過苦難的例子，而非以牙還牙、要求苛刻的懲罰。」

「在真相與和解委員會裡，有許多這樣的例子。一位年輕的黑人女子來找我們，說了這個故事：『警察來了，把我帶到派出所。他們把我關在一個房間裡，把我衣服脫了。他們把我的乳房塞進一個抽屜裡。然後他們用力關上抽屜好幾次，直到我的乳頭沁出白色的東西。』

「現在，你想像一下，有誰經歷了這類暴行會不感到痛苦，事後不會產生報復的慾望？但經常會有像她這樣的人說，他們準備原諒對方。而肇事者會被這樣的慈悲心所感動，雖然情況並非總是如此，但很多時候是這樣的。你不能強迫別人認錯並懺悔。但是你看，我們在此所說的，並不只是腦海中空想的東西，而是存在於我們身心之中，在心臟、在腹中的感覺，我們被觸動，我們感動了，因此你往往會看到有人因崩潰而哭泣。」

桑切斯仍然靜靜站在講台後面，他面無表情。然後，他慢慢走下台階，不發一言地離開了舞台，他被剛剛聽到的故事震懾住了。

當天稍晚，圖圖大主教和達賴喇嘛在陳氏中心的小會議室內又見面了。在圖圖大主教離開溫哥華之前，他們在此又有另一個機會來探討彼此的宗教觀。

「我覺得一般所有的宗教傳統，都有良好的潛力可以改善人類的狀況。」達賴喇嘛對圖圖大主教說：「然而，一些宗教的追隨者，他們並沒有非常認真遵循自己宗派的教導。他們出於自私、貪圖金錢或權力等各種原因，利用宗教謀取私利。在一些情況下，因為他們是完全被孤立隔離的，所以不知道其他的傳統，以及那些傳統的價值，因此這造成宗教上的失序。但我認為，如果人們能增加正面能量，遠勝於負面能量，就能保持平衡、和諧的狀態。」

「沒錯，你說得對。」圖圖大主教回答：「你要記住，宗教本身既不好也不壞。基督教有三K黨，也有殺害進行墮胎手術醫生的人。宗教在道德上是中性的，端視你用它做什麼而定。它就像一把刀，當你使用這把刀切麵包做三明治就還不錯，如果你把它刺進別人的肚子就是壞的。宗教是好的，當它產生了達賴喇嘛、泰瑞莎修女、馬丁路德金恩時就是好的。」

「還有圖圖大主教。」達賴喇嘛插話。

圖圖大主教瞪著他，用手指在自己，告誡道：「是我在說話！」

達賴喇嘛頑皮地靠回椅背，笑得樂不可支。

「但我們必須非常小心……」圖圖大主教不理會他繼續說著。但達賴喇嘛的注意力無法集中，他胸膛起伏，肩膀搖晃，不由自主地抽動著，難以控制自己的笑聲。「我們不要認為，因為有壞的回教徒，因此回教就是一個壞的宗教；因為有不好的佛教徒，所以佛教是壞的。」當我們看到緬甸佛教獨裁者的例子時，心裡不禁會懷疑，到底是什麼樣的信仰會讓你做出這些事來？讓你變成這樣的人？如果不是因為我知道上帝是世界的主宰，相信邪不勝正，儘管所有事情看來都與此相反，否則我也無法支撐到今日。是的，當然有時候，你要在神的耳邊低語：『上帝，看在上帝的份上，我們知道是您在主導，但為什麼不讓這一切發生得更明顯一些？』」

達賴喇嘛停止了笑聲，當圖圖大主教說完時他用力地點點頭。

爐邊談話

這間酒店套房窗外是溫哥華的壯麗景緻。在西邊，越過市區高大的建築物，我立刻能看到銀光閃閃的巴拉德灣，狹窄的海灣將城市與陡峭的北岸山脈分隔開來。迎面而來的是一大片醒目的墨綠色，佔地共有一千零一英畝的斯坦利公園，這是世界上最著名的城市公園之一。裡面種植有五十萬棵黃杉、紅雪松和錫特卡雲杉，其中也不乏幾世紀前就開始存活至今的巨松。

在套房內，猶太教士查門．沙克特沙拉米（Zalman Schachter-Shalomi）與來自伊朗的諾貝爾和平獎得主希琳．艾巴迪（Shirin Ebadi）有一場生動活潑的對談。在等待達賴喇嘛抵達之前，他們聊起遜尼派和瓦哈比派這兩個回教教派之間的差異。八十多歲的猶太教士喝著濃濃的卡布奇諾，那是從酒店附近一家咖啡廳買來用紙杯裝的咖啡，顯然他對酒店提供的咖啡不感興趣。

達賴喇嘛進入套房，尾隨在後的是他的翻譯士登錦帕。他走到艾巴迪身邊，抓起她的雙手，非常熱情地對她說：「我們又見面了。」

猶太教士緊緊地擁抱了達賴喇嘛，真誠歡喜地大聲親吻他的臉頰說：「希望你昨晚好好休息過了。」這三個人前一天才在英屬哥倫比亞大學參加了專題小組研討會，那天是達賴喇嘛第一次見到艾巴迪，幾個月前她才剛在奧斯陸獲得二〇〇三年諾貝爾和平獎。達賴喇嘛和猶太教士則曾在達蘭薩拉見過面。

彼此問候過之後，西藏精神領袖示意大家坐下。我注意到，他並不在意從地板延伸至天花板的大面落地窗外美麗風景。他選擇了一張面對著這兩人和裝飾性假壁爐的椅子，背對著風景坐了下來。多年來，我很少看到他對週遭的環境表現出一絲一毫的興趣。

「閣下，我想挑戰你一下，好嗎？」猶太教士直接了當的對達賴喇嘛說：「許多人正投入諸多心力深入探討這個微妙的層面，記得我們談過天使嗎？」

「是的，我記得。」達賴喇嘛說。

CR

一九九〇年，在達賴喇嘛獲得諾貝爾和平獎的後一年，著名的猶太教士查門，和一小批有影響力的美國猶太人來到達蘭薩拉與他展開為期四天的對話。這群人聚在一起，談論的焦點集中在越來越多的猶太人對佛教感到非凡的親和力。他們一直熱衷於探索猶太教和佛教之間的相似性，但這個會議也激起達賴喇嘛對散居各地的猶太族群感到興趣。他認為猶太人是「生存專家」，經過數千年的流亡和迫害，卻仍然能夠保持他們的文化和宗教。而現在被驅逐出家園的藏傳佛教，也面臨同樣的挑戰。正如一位猶太教士曾告訴達賴喇嘛：「中國人對待你的子民，就如同德國人對待我們一樣。」這位西藏領袖也想了解猶太人的冥想和喀巴拉，它們與佛教神祕主義的相似之處。那已經是多年前的事了，但達賴喇嘛仍一直渴望能再見到猶太教士查門，繼續進行他們那時的對話。

「人在生病時，藥物有外用和內服兩種。」在溫哥華，猶太教士查門繼續對達賴喇嘛問道：「我在尋找能醫療內心的深奧教誨，這種東西將帶來微妙的改變。你們有這樣一個奇妙的傳統，就像我們的喀巴拉一樣。我不知道你們的傳統中是否有一些特殊的技巧可以改善人的內心。」

達賴喇嘛立刻問了錦帕，以確定他是否明白了猶太教士查門的問題。

「身為傳統的信徒，我們接受了一些更深層也確實存在的教誨，」達賴喇嘛說：「但這些事物對於老百姓而言，或是從常理來判斷，有時並不明顯易懂。舉個例子來說，就像藏藥，雖然藥物來自不同的植物、不同的礦物質，但每種藥物卻都有自己獨特的功效，也就是說，是科學可以證明的。但是，如果你在一天不同的時間採摘植物，藥效就有很大的差異。像是月亮的大小，例如在滿月或半月時也都有差別。我不知道科學是否可以對此提出解釋，但差異所造成的影響是確實存在的。

「還有另一件事。產於西藏的藏藥相當流行，在中國人之間也很風行，特別是在SARS疫情爆發時。當時，許多中國人，包括一些中國領導人，都非常期待藏藥的保護。但這些產於西藏的藥，並沒有經過祈禱誦經。在印度，同樣的藥，卻經過祈禱誦經的加持。據一些專家表示，我們在達蘭薩拉生產的藥物其實更有效。」

許多年前，達賴喇嘛曾邀請我到他家裡，在他起床後進行晨間例行事務時，與他共度一段時光。他沉思冥想了大約一小時後，帶我到他的浴室，準備刷牙。然後，他給我看了他的藥箱，裡面是讓人眼花撩亂的西藥和藏藥，西藥大多是維生素和補品，藏藥我則一無所知。

「你相信藏藥更甚於西藥嗎？」當時我問達賴喇嘛。

「從藏藥的觀點來看，肚子就像是土壤。」達賴喇嘛回答：「如果土壤是好的，那麼所有植物都能正常生長。因此，照顧好肚子就能預防許多疾病。我對藏藥非常有信心，特別是在預防疾病剛開始產生的問題時。但如果真的出了問題，對於有些病痛，西藥的治療效果的確要好得多。像是癌症，還有一些其他的疾病，藏藥還不是很有效的。但諸如B型肝炎，很難用西藥治癒，藏藥卻很有效。」

就像很多人一樣，猶太教士查門對藏藥很感興趣。但在溫哥華酒店，他更關心一些更深奧的想法。「我在達蘭薩拉時買了一些藥，對我很有幫助。」猶太教士查門說：「我想要明白他們稱之為『能量醫學』的問題。不僅是我個人，全世界也都需要能量醫學。在許多地方都發生著衝突，而這些衝突不能單靠導致的原因加以解決。其中之一的解決之道是跟精神層次有關，我相信有靈性的力量希望幫助我們實現眾生和平，但我們大多數人不知道如何與他們聯繫。我希望會有更多更高層次的知識出現。」

「當然也有神祕的層次……」達賴喇嘛回答。

這時，錦帕倒了些熱水在杯子裡，並放在玻璃茶几上，又想到達賴喇嘛要伸長了手才能拿到，便想把沉重的茶几往前拉近一點。達賴喇嘛立刻從椅中探出身子制止他說：「不，不，不用了。」

「有些神祕的東西肯定是存在的。」達賴喇嘛繼續回答猶太教士查門：「我們相信，這些所謂的超人類比我們擁有更多的能量。但在實際層面，大部分還是取決於自身的努力。我認為如果我們夠努力，一些積極的能量就會與我們連接。從佛教的觀點來看，這些較高層次的存在之所以能發展出更高的能量，是因為實踐了利他主義。能量的最終來源是利他主義。這種能量是隨時準備著的，就像電一樣，我們只要善於運用就行了。」

「通常我們會說，我們要先盡其所能，然後上帝就會幫助我們。」猶太教士查門說：「當我還是個孩子時，每次聽到人說『天助自助者』，我就會很生氣。但現在我完全明白，如果我們不自動自發努力，就無法接受到力量。」

「是的，是的，沒錯。」達賴喇嘛熱切地說。

這些對話都是自然而然產生的，也沒有腳本，完全出乎意料之外，我也很高興這次會議是如此展開的。我第一次想到為達賴喇嘛和他的朋友擠出一些時間時，做了一些基本規劃。會議將不對外公開，不允許媒體報導，也不用主持人。我只是想讓他們在一起共享一段有意義的時間，在一起閒聊，完全不受議程的約束。

「這裡有一個問題，閣下。」艾巴迪的翻譯對達賴喇嘛說。

「嗯，嗯。」達賴喇嘛說。

「當我們塵世的幸福結束，死亡之後，我們儲存的能量會變成什麼？」艾巴迪透過翻譯問道。

達賴喇嘛回答說：「大約三千多年來，許多人、許多思想家，都在探討這件事，談論這件事，這其中有許多不同的解釋，不同的理論。有一種理論接受輪迴轉世、生生不息的觀念。對於基督教，我認為還包括回教徒，死亡過後是一段時間的休息，然後是最後的審判。雖然在此之後，靈魂仍然存在，但沒有轉世重生的週期。如果你問我佛教又是如何解釋呢？我會說：生生世世。我們的肉體和頭腦都不存在了，但我們主要的精神，也就是更微妙的靈魂，將繼續存在，然後另一個生命於焉展開。」

達賴喇嘛一共有十六位兄弟姐妹，其中許多人出生不久就去世了，只有七個倖存。他的妹妹出生後，母親生下了一名男嬰，兩年後這個男孩去世了，全家人都悲痛莫名。當地的習俗是孩子被埋葬之前要先去諮詢喇嘛和占星家。家人得知，那個逝去的嬰孩將在同一個屋簷下重生，於是他們用奶油先在男嬰的身體上塗了一個小標記。經過一段時間，另一個男孩誕生了，這是家中的最後一個孩子，也就是達賴喇嘛最小的弟弟。果然，家人能在之前用奶油塗抹過完全的相同之處，辨認出一個白色的標誌。達賴喇嘛說，他完全相信這兩個男孩就是同一個孩子，讓這個生命有另一個重新開始生活的機會。

「當另一個生命被釋放，並繼續存活，這樣要等多久，又會發生什麼事？」艾巴迪繼續著這條思路。

「直到我們佛教徒所謂最後的救贖來臨，『救贖』意味著我們是自由、被解放，達到涅槃，也就是心性空靈而無止境，我們會昇華到更高的靈性。」達賴喇嘛回答：「然後，我們有更多的責任去幫助別人。」他在椅子上往後靠，開心地笑了一陣子。他覺得好笑是因為當我們在數不清的輪迴中行善之後，終於能永遠安歇退休了，結果等待我們的卻是更多的責任。

達賴喇嘛喝了一大口熱水，牢牢盯著艾巴迪。

「現在我想問你一個問題。」他對她說。

他把杯子放下來，在椅子上俯身向前。

「首先，我很佩服妳的工作。你們的人民用內在的力量改變了自己的國家。」他審慎地說著，而且每說一句話都會停頓一下，以確保給譯者足夠的時間。

他說：「對於一個回教國家，對於以可蘭經為依歸的國家，這是非常難能可貴的，同時這其中也存在著許多障礙。一些障礙可能並非因為存心不良，但我認為是心胸太狹隘了，重要的是要透過媒體教育這些人，但媒體的審查制度又是另一個障礙。所以，妳的角色不容易。我的問題是……」

他轉換到藏語，錦帕翻譯著：「妳的情況會很困難。如果諾貝爾獲獎者的聚會安排在伊朗，對妳是否有些幫助？他們出面對妳會有所助益嗎？」

在艾巴迪能夠回答之前，達賴喇嘛說了一長串的話。

「當然，這並不是說他老人家想參加。」錦帕翻譯道：「但他已經強烈感覺到，在解決衝突問題時，諾貝爾和平獎得主應該扮演更為積極的角色。尤其是在有潛在激烈衝突發生之處，得要採取預防措施。他與捷克共和國總統哈維爾有過深入地會談，哈維爾有一個名為『兩千年論壇』的非營利基金會，他正在考慮對該組織提出這個建議。還有，埃利・維瑟爾（譯註：Elie Wiesel，諾貝爾文學獎得主，也是猶太人大屠殺的倖存者）對此也很感興趣。」

「如果這樣的聚會在伊朗舉辦，會非常有益。」艾巴迪通過翻譯回答：「但我不認為現在的政府會希望看到這種事情發生，他們非常害怕任何有關民主與人權的討論。」

我能感覺到兩位諾貝爾和平獎得主之間深厚的熱情和尊重。前一天，他倆已經初次見過面，我注意到達賴喇嘛把握住每一個與艾巴迪能產生互動與共鳴的機會。他們有很多共同之處：宗教是他們的基因，而且都擁有超級理性的世界觀，也具有幫助被壓迫者的熱情。還有幾位其他的獲獎者也與達賴喇嘛有強烈的個人情感交流，例如圖圖大主教。我能參與佛教和回教之間互動的開始，也覺得與有榮焉。

在過去的幾十年，達賴喇嘛已經盡了很多努力與回教徒做接觸，並參加過許多宗教聚會。我知道他為艾巴迪而歡欣鼓舞。曾任法官的艾巴迪，是伊朗有史以來首次，也是第一位獲得和平獎的回教婦女。

「在伊朗，除了回教，還有任何其他傳統嗎？像是印度教徒或一些基督徒？」達賴喇嘛繼續專注於艾巴迪的話題。

「我們沒有印度教徒或是儒家，但我們確實有猶太人、基督教徒、拜火教徒和巴哈教，」艾巴迪透過翻譯回答：「我希望能邀請您前往伊朗，因為我想讓您看一些非常有趣的事。在伊朗，有許多神祕的教派。」

「蘇菲教派。」達賴喇嘛說，他的聲調中有一絲好奇。他側身彎成一個銳角後，按著椅子的扶手撐起身體。頭歪向一邊，右手微微握拳，撐著太陽穴。他看起來異常地輕鬆愉快。

「我曾經近距離訪問過其中一個教派。」艾巴迪透過她的伊朗翻譯說道：「當他們反覆的吟誦祈禱，婆娑曼妙的迴旋舞動時，他們的表現不是邏輯上可解釋的行為。我參與過一次他們的降神活動。他們揮灑熱情，全神投入，渾然忘我，然後開始把短刀插入自己的身體，從一邊進從另一邊出，而且沒有流一滴血。」

達賴喇嘛輕輕地搖了搖頭。

「然而，有一個人無法提升自己的心靈到純粹狂喜的狀態。」艾巴迪繼續透過翻譯說：「指導他的酋長想幫他把刀刺進皮膚時，我看見一滴血。然後，他們拿出大刀，刀柄很長，刀刃也長，他們把這些刀子從頭上插進去，一直往下直到刀柄處。」

達賴喇嘛聽得舌頭都伸出一半來。他看起來覺得這完全令人難以置信。

「這樣子維持多久？」他問著，一面把手指張開來，猜測要做這件事需要的時間。然後他把手舉在面前，響亮地拍了拍雙掌。他無法理解這駭人聽聞的舉動。

「他們的頭上插著刀，開始進行『沙馬』的儀式，迴旋轉圈，婆娑起舞，蘇菲舞。」譯者做了結論。

「恍惚著。」達賴喇嘛說。

「是的，在恍惚的狀態，」譯者肯定的說。

「印度教徒也一樣。」達賴喇嘛說，然後轉向猶太教士查門，問道：「那猶太人呢？」

「也有一些，」猶太教士查門回答。「但大多數時，我們不會這樣做，而是進行多次的祈禱和冥想。有人也會談到靈魂出竅，到其他地方，在那裡去做他們該做的事。」

「我最近遇到一位來自西藏的老尼姑。」達賴喇嘛說：「她七十多歲了，現在住在達蘭薩拉。她告訴我她有過一些很神祕的經驗。她在靈魂出竅時，看到了許多奇怪的事情。年輕的時候，她有段時間是在拉薩附近的山上，在那裡，她遇見一位老和尚，大約八十多歲，收了幾位弟子。她說，她看到其中有兩個人從空中飛下山，他們的長袍像翅膀一樣張開來。她說，她真的看到他們飛行了一公里。雖然我覺得非常驚訝，但我覺得她沒有理由說謊。」

達賴喇嘛在此丟出了一個難題。他毫不懷疑那位老尼姑是絕對誠實的，多年來我已經認識許多西藏人，我相信，他們不會欺騙達賴喇嘛，就像他們不會害自己的家人一樣。但達賴喇嘛非常善於分析和批判性思維。過去三十年來，他一直與物理學及心理學界的頂尖科學家、神經科學家一起密切合作。他是經驗主義和科學方法的忠實信徒。要我相信達賴會說出有人可以在天上飛這種事——即使這個會飛的人是個非常神祕的人——這對我來說也是一大突破。在某次採訪中，達賴喇嘛曾說佛教和尚能飛的唯一途徑是跳下懸崖，張開長袍，祈禱著陸時的地點是柔軟的。

但隨後達賴喇嘛本人親眼目睹了某些現象，讓他的理性思維發現難以解釋。幾年前，他告訴我他的資深導師林仁波切（Ling Rinpoche）死時發生的異常現象。一九八三年聖誕節當天，林仁波切以八十一歲高齡去世。雖然林仁波切已被診斷死亡——呼吸已經停止，沒有脈搏，但他仍然以某種形式繼續冥想了十三天。在這段時間內，他心臟周圍的部位仍然溫暖，身體保持冥想的姿勢，一動也不動，而且肉體也沒有出現惡化的跡象。在最後一天，他的頭垂了下來，一點鮮血從他的鼻孔裡流出來。達賴喇嘛認為，直到這時，林仁波切的意識才終於離開了他的身體。在過去的幾十年來，達賴喇嘛知道在達蘭薩拉和印度其他地區有不少高僧在死亡時也出現類似的狀態。他對這些事件非常好奇，就請一位親密的朋友，也就是威斯康辛大學傑出的神經科學家理查．戴維森（Richard Davidson），成立一個研究小組，和醫生共同來研究這個現象。

百分之九十的投射

在瑞典哥德堡的一間飯店房間裡，達賴喇嘛和亞倫．貝克（Aaron Beck）在玻璃茶几前彼此面對面。達賴喇嘛說：「你比我大，所以按佛教或亞洲的傳統，年輕者必須尊重長者。」然後，他慢慢地彎腰深深一鞠躬，就像個日本禪師般。

貝克措手不及，不知道該如何應對。他站在那裡笨拙地笑著。達賴喇嘛又再度彎腰，這次是撿起一枝掉在地上的原子筆，然後放在他們之間的玻璃茶几上。貝克把它拿起來，連同筆記型電腦一起抱在手中。

二〇〇五年六月，貝克八十六歲，一頭雪白的短髮。他比達賴喇嘛年長十六歲，穿戴整齊，身材適中，衣冠楚楚。他穿著一套昂貴的灰色西裝，燙過的白襯衫，繫著醒目的紅色蝴蝶領結。我在香港的學校學會了綁蝴蝶領結的藝術，因此知道在那個早晨，貝克很可能運用了一些靈活的技巧來打這個領結。

達賴喇嘛和貝克是在認知心理治療國際大會的邀請下來到哥德堡。他們在達賴喇嘛的飯店房間內，先演練著在下午即將面對一千四百位與會者的公眾場合中，彼此要如何對話，如何互動。

貝克拿出一本一九五九年的《生活雜誌》給達賴喇嘛。封面照片是達賴喇嘛逃離西藏後，收到支持者送上的鮮花，然後貝克再遞上自己出版的新書——《恨的囚犯》（*Prisoners of Hate*）。

達賴喇嘛左手拿著書，右手食指在書名下方劃過。他入神地盯著防塵書套，渾然忘我。「很好，」達賴喇嘛最後說道：「從這個書名來看，我想全六十億的人類都是囚犯。」我坐在他後面，看到他的食指在「恨」這個字上來回劃著。

貝克回道：「我們都是囚犯。六十億的囚犯。」

達賴喇嘛靠在椅背上大笑起來，不知何故，他覺得貝克的回答非常有趣。貝克坐到沙發上，雙臂環抱，對這樣的交流和西藏精神領袖的反應感到高興。

「希望一些囚犯的刑期可以縮短一點。」達賴喇嘛繼續說：「比如說，在三十年、四十年後，他們會變得更有智慧，更有慈悲心。這表示他們將不再是囚犯。」

《恨的囚犯》這本書能檢試我們是否具有從事破壞性行為的傾向，並探討我們在思考過程和所產生情緒表現之間的關係。貝克認為人們之所以陷入無法掌控的憤怒和暴力中，是因為認知過程的失誤，例如僅是輕微的舉動就被錯誤解讀。當我們開始認為自己是受害者時，我們的反應就是重重的回擊，這是小題大做的典型範例。

這本書匯集了貝克五十多來年在心理學上的精闢見解。他是著名的認知行為治療（CBT）之父，以實證有效的方法來治療憂鬱症和其他的精神障礙。認知行為治療強調自我控制和調節衝動的重要性，這是目前最流行、成長速度最快的心理治療方法。二〇〇七年，貝克曾入圍諾貝爾生理學或醫學獎項。

貝克挪身到沙發邊邊，拿出筆記型電腦。「閣下，我想我應該這樣開始……」他開始說道。出人意料地，這位世界著名心理醫生的言行舉止竟有一絲的羞怯，他完全不是我預期的大人物模樣。「我想你會希望我先做段開場白，我想提的是佛教與認知行為治療間的相似之處。然後我們可以談談彼此都注意到的問題，像是負面的想法。」

「你所謂『負面』的定義是什麼？」

「事實上，我們會用『失誤』這個詞，也就是錯誤的思維。當我們誇張的推論，譬如說，他是不好的，因為他做了一件我不喜歡的事，所以他是一個壞人。」

「對。確實如此。」

「那我們該如何幫助別人？應該著眼於現在，此時此刻。對吧？」

達賴喇嘛點了點頭。「還有反省。」貝克繼續說道，他淡藍色的眼睛直視著這位西藏精神領袖。「這意味著我們要和自己的情緒保持距離。憤怒就像一片雲，我們要把它推得遠遠的。我們使用『保持距離』這個詞，這樣行嗎？」

「因此，這表示憤怒在醞釀發展時，你得試圖讓自己從憤怒中抽離出來。」達賴喇嘛說。

「沒錯，你因為憤怒而受苦。要把自己和憤怒分開來，然後檢視你的憤怒。」

「是的，沒錯。」達賴喇嘛說，他在扶手椅上身體前傾，比手劃腳，聲音也提高了一點。「通常，這些負面情緒在發展時，你的整個自我就都變成了那種情緒。所以，當這種強烈的情緒在發展時，試著把自己從那種情緒中分離出來，然後就可以檢視那種情緒，也會更容易看到那種情緒的缺陷。隔著遠距離去看，那種情緒的強度就削弱了。」

「沒錯。我們也可以嘗試分析它從何而來。它來自負面的想法。」貝克為達賴喇嘛闡明了認知行為治療的基礎。「例如，我覺得我是被冤枉的，你錯待了我。所以，我必須檢視：你真的錯待我了嗎？可能沒有，可能是我誤解了你所做的事，所以我們要加以分析。其次，即使你真做錯了，但那會讓你變成一個壞人嗎？而且，就算你是一個壞人，我就必須要殺了你，要懲罰你才行嗎？這就是整件事的邏輯。」

ɞ

幾年前，我在溫哥華一個座無虛席的會場中，面對大約五百名觀眾演講，講題是科學和靈性的交會。在演講過程中，我從眼角餘光看到有人站起來走出會場，這使我感到不安。我開始忘記我要說的話，那時也沒有任何筆記可以提醒我演講的重點，因為平時我說話不會用這些東西。我脫離了習以為常的舒適區，惶恐不安地拼命想記起下一個重點。但我的腦子裡一片空白，我開始結巴。

「有人突然走掉了」，「他認為我是一個差勁的演講者」，「他聽不懂我的中國腔英語」所有這些想法迴盪在我腦海中。

我轉身背對著觀眾，全身僵硬地走到舞台後方，深呼吸一會兒，感覺平靜下來了些，然後再回到麥克風前面。我很震驚，但我勉強完成了整個晚上的活動，沒有再發生任何意外。

回到家後，我意識到，我在舞台上的感受是不理性的。我知道我是一個有能力的演講者，但是當那名男子站起來離開時，偏執的想法出現了，事情在我的腦海裡變得扭曲。一個更合理、更少破壞性的假設應該是：他不得不離開，因為他還有其他事。

雖然那時我並不知道認知行為治療，但那天晚上，我已經在無意間運用了認知行為治療的核心原則。貝克認為，對我們心理產生驅動力的負面消極想法，是不真實，而且是適得其反的，他稱之為「自動化思考（automatic thoughts）」。就像有色鏡片，可以用顏色扭曲人的視線，影響他們的反應。

在哥德堡酒店房間裡，我坐在達賴喇嘛後面，能感覺到達賴喇嘛深深融入與貝克的對話中。他非常專注地傾聽著這位心理醫生對認知行為治療法所做的說明。他對這個能減少患者扭曲、失真的想法，藉此對抗令人不安的真實情境的方式感到著迷。他在椅子上扭動了一下，讓自己更舒服一點，又把包裹在肩膀上的紅褐色披肩拉緊一點。

「這種療法……類似佛教徒所說的解析冥想（analytic meditation）。」達賴喇嘛說。知道佛教的思維訓練中這些古老的見解，竟然與西方心理學是併行不悖的，給了他莫大的安慰。

「你們將這稱為什麼？」貝克沒聽清楚這個專有名詞。

「解析冥想。當情緒來臨時，就利用解析冥想，它不是用來支配或影響自己，而是要分析後果、好處與破壞性。」

「我從來沒聽過解析冥想。」貝克說：「現在我知道了。」

他看看自己的筆記，然後繼續以平靜的聲音說道：「接下來是私心。這是我們使用的另一個詞，我們想要擺脫自私，就要不以自我為中心，而要把別人當作焦點。我們使用的專有名詞是『去主體』（de-centering）。這個詞聽起來如何？也就是遠離中心（get away from the center）？」

「是的，實際上佛教有一個重要的佛法是切換法（switch），就是設身處地為別人著想。」

「所以這是類似的。」貝克說：「這種以自我為中心稱之為『利己主義』。所產生最大的問題是群體的暴力，也就是一個群體去對抗其他的群體。我們相信，存在我們心中同樣的自私、同樣的自我中心，會被擴展成團體的意識。所以不只是我都是好的，你全是壞的；而是我們全體都是好的，你們全部都是壞的。而且我的團隊要消滅你的群體，這樣一切才會變好。所以，我們成為自己仇恨的囚犯。但另一方對我們也有同樣的感覺——他們都是好的，我們都是壞的。因此，我們都是這六十億的囚犯，這就是認知行為療法。」

貝克向後靠到沙發上，雙手交叉在胸前，看起來既驕傲又滿足，原本面對西藏精神領袖的許多羞怯感已完全消退，顯然他很高興能夠以簡單的方式向達賴喇嘛介紹新書的論文。

「太好了，太好了！」達賴喇嘛熱烈地回應著。

他很享受這段談話時光，儘管他們只是初次見面，但這兩個男人之間已經產生了彼此欣賞的友情。在我多年與達賴喇嘛一起旅行的途中，還很少看到這種充滿活力的心智交流場面。

兩人沉默了一會兒，彼此沈浸在安靜和幸福的舒適情境中，真正的慈悲心懷融為一體。

「我問個小小的問題。是誰創造了監獄？」最終達賴喇嘛開口問貝克。

「最早的佛度。佛度從監獄出來。」貝克吞吞吐吐地答道。貝克聽錯了問題，他的意思是佛陀超越了這種牢獄。但他有點慌亂，把佛陀誤說成「佛度」。

「不，不。誰創造了監獄？」達賴喇嘛重覆一次。

「哦，是誰創造了監獄？我以為你的意思是誰走出了監獄。我認為，是來自人類的進化。」貝克說。

達賴喇嘛很驚訝，但非常喜歡這個回答。他抬頭放聲大笑道：「的確，的確。」

「所以，作為一個科學家，你是否有某種……」達賴喇嘛無法找到適當的詞句來說明他的問題。他以藏語提出問題，他的翻譯格西．拉哈克多（Geshe Lhakdor）說道：「尊者想知道，在科學的某些領域，是否有科學家努力發明創造，但同時又相信造物主的存在？以你而言，你是否嘗試去協調過……？」

「你是指上帝。」貝克回答說：「你曾經說過，當科學家證明有上帝時，你就會相信。只是他們也還沒有證明沒有上帝。」

「沒錯，沒錯。」達賴喇嘛說。

「所以，你要做出選擇。」

「你是中立的。」達賴喇嘛想確認。

「中立，是的。但你並不需要上帝來做一個好人。事實上……」

「啊，那正是我的想法。」達賴喇嘛極為滿意的說：「通常我是從世俗倫理來做出發點。宗教信仰不是必要的，透過解析冥想，或運用普通常識，你都可以成為古道熱腸的人。」

「沒錯。」

「就是這樣。」

「沒錯，我們對自己負責，我們不需要仰賴祂。」貝克說，並往上指指天花板。

「正是如此。」

「看看有多少人因為宗教而死。馬克思主義就是另一種宗教。每當有人說我們是正確的，他們是錯的，就會有人因此而死。因此，我們必須做好人，而非永遠是正確的人。」

「太好了，太好了。」達賴喇嘛聽得入迷了。

「我們想練習的是：對我來說是好的，也應該對所有人都有好處。」貝克補充說。

「的確。」

「如果我只想到對我自己有好處的事，那麼對你就未必是好事。」

「沒錯，沒錯，沒錯。」

「如果我只想到自己，我就不會想到你。」貝克趁勢說下去：「憤怒也是一樣的。如果我生你的氣，我就直接跟你說我生你的氣。你可以向我解釋一下為什麼對我不好。你可能有一個很好的理由不要對我好，而也許我是錯的。我認為，當人們生氣時，至少百分之九十那個生氣的人是錯的。這是我的想法。」

「的確，」達賴喇嘛同意。「一旦我有負面的情緒，難受的情緒……一旦只要發展成令人難受的情緒，你就會看不清現實。」

「沒錯。」

「強烈的心理投射。所以，佛教心理學相當清楚的解釋，這些負面情緒是如何發展，過程如何……」

「因此，例如……」貝克無法說完他的想法。達賴喇嘛深受這位心理醫生剛才發言的啟發，沒有讓他中斷話題。「所以，我完全同意你的說法，實際上是百分之九十被誇大了。那幾乎是所有的心理投射。」

房間裡產生了更高的能量，貝克更積極地要進一步闡述他的觀點。

「的確，」貝克說：「當我生氣時，第一個要想到的是我錯了，不是從道德的角度出發，而是從真實的立場來考慮。」

「沒錯！」聲音響亮的出自達賴喇嘛口中。

「我所謂的真實是錯誤的。」

「的確。」

「你明白了。」

蓋爾曼接著說：「當一個足球運動員決定拿起球，而不是踢球……完全無視於規則，從而創始橄欖球這種新遊戲。凡納鐸指出，在現代藝術中，如果你不遵守遊戲規則，而是與規則玩遊戲，這就是一種創造性的思維。」

達賴喇嘛不太理解這個故事。也許他對凡納鐸這個陌生的名字和橄欖球感到困惑，也許他從來沒有聽說過這種比賽。他的長期翻譯土登錦帕，坐在他旁邊，小聲地解釋著。

蓋爾曼總是讓人驚訝。二〇〇九年，在溫哥華這場與達賴喇嘛公開會談的場合，他提到了凡納鐸，這位並非家喻戶曉的已故藝術史學家。同時，他還將橄欖球創立的神祕元素與創意思維連結在一起。我見過這位著名的物理學家很多次，我一向很敬畏他的博聞強記，不只是科學，還有藝術、哲學、政治、宗教等各種範疇的知識全都在他腦中。從一九五〇年代開始，蓋爾曼就在粒子物理的科學領域具有主導地位，當時他才二十幾歲。一九六九年，他對基本粒子的研究讓他獲得諾貝爾物理學獎。他的一位同事說，蓋爾曼在物理學的實力並不是特別出名，但他是如此聰明睿智，一旦當他決定要投入這門學問時，就變成了全球轟動的人物。在一九八〇年代初期，他和幾個有影響力的科學家創辦了聖塔菲研究所，全美國最厲害、最多元的智士腦力全在此齊聚一堂。他擔任了第一任的主席，一直負責至今。

達賴喇嘛已經了解橄欖球和創造力之間的關係，他期待地看著蓋爾曼。這位物理學家還有很多想法。顯然，他很開心要讓在現場的達賴喇嘛，充分了解在眾多議題中他最感興趣的創造力。

「理論科學這是我這一生大部分在做的事，大多數挑戰正統科學的人都是不正確的，其中也有不少怪人。」他告訴達賴喇嘛：「但每隔一段時間，就會發現有些被當作正統的科學理論確實錯了，還是要有人勇於質疑。要違背慣例可不容易，那會讓你的論文會無法發表，也會找不到工作。但有時你必須這麼做，你非得挑戰正統不可。」

蓋爾曼近乎白色的濃眉隨著額頭深深的皺紋上下移動著。他的表情和溫暖慈祥的臉看起來像是個比現在至少年輕十歲的人，充分展現出卓越非凡的學術生命力。

「但從何得知要挑戰哪些東西呢？」蓋爾曼繼續著他的思路：「嗯，這些想法會從人類潛藏的心靈深處慢慢浮起，有幾個步驟。每個人都知道，如果你有疑問、矛盾時，你會思考並試著解決它。過一段時間，或許繼續這種刻意的思考也是徒勞無功，問題仍然無解。但冥冥之中，在你腦海深處，其實仍繼續進行尋找解決方案的思維。然後，有一天，在煮東西、刮鬍子或慢跑時，或有時在無意間脫口而出的話語裡，答案可能就突然出現。」

達賴喇嘛俯身朝向蓋爾曼，試圖了解這位物理學家在說什麼。「同樣的這個心靈深處，某種程度也產生對心靈教育層面的探索。」蓋爾曼說。他似乎不同於以往，對於自己所說的話沒那麼確定了。他猶豫了一下，說話時也有一點點結巴。他冒險進入了自己不熟悉的領域。「這涉及對慈悲心的探索，至少有時候這部分的心靈探索是在無意識中進行的。因此，創造性思維有可能一方面在藝術、科學之間探索，另一方面則是從慈悲、寬恕等面向尋找。」

達賴喇嘛以藏語和他的翻譯簡單地談了一會兒。他盤腿坐在扶手椅上，不是正襟危坐著。他彎腰駝背，在椅中俯身向前，讓手肘和前臂擱在大腿上，似乎這樣的坐姿能讓他吸收到更多的談話內容。但我能感覺到他的精神不濟。他剛從洛杉磯旅行回來，在那裡數日已經讓他筋疲力竭。

「在我看來，創造力與智力更有關。」達賴喇嘛開始探討這個主題：「雖然我認為其他哺乳類動物也有一定程度的創意。但比起人類，卻少了很多很多，為什麼呢？就是因為智力的緣故。」

達賴喇嘛以食指抓抓鼻子的右側，他陷入沉思中。我感覺他掙扎著想要整合出一個理性的回應。

達賴喇嘛繼續說：「創意是創造新的東西，新東西，新東西。因此，主要與智力有關。慈悲主要涉及到……我不知道。藏文是……」他告訴翻譯他想表達的字彙。「慈悲的各種特質與心靈有關，但往往以願望的形式來表達，這是一種意圖。」錦帕翻譯著。達賴喇嘛認真傾聽翻譯，以確保準確地傳達了他想要說明的細節。

他繼續以英語說明：「慈悲是關係到願望與意圖，但我認為慈悲與創造力之間的關係是不同的，兩者並非直接相關。這表示我覺得……」然後，他腦中浮現了另一種想法，於是又改變了說法。「創造力可分為可實現的創造力和不切實際的創造力。在大多數情況下，不切實際的東西通常是具破壞性的，可實現的東西則更積極可行。所謂積極，我的意思是，如果你想要某個東西，即使你想害別人，做法也應該是可實現的，這樣會更有效。」

達賴喇嘛一向非常重視遵循一種面對現實的生活態度，在我們與他人互動時也是如此。他認為，準確而堅定不移地認清現實有助於我們的幸福快樂，也能幫助我們消除扭曲的思維。

「因此，為了訂定一個切合實際的做法，我們要充分認識實相。」達賴喇嘛說：「為了充分認識實相，客觀的態度是十分必要的。因此，擁有平靜的心很重要。當心平靜下來，就可以展現慈悲心。慈悲能打開我們的心靈，給我們更廣闊的視野。用冷靜的頭腦，你可以更清楚地看到實相。如果有太多的情緒，就看不到實相。創造力主要是與智力相關，而慈悲心主要與溫暖的心有關，所以我認為這是兩回事。」

他停頓了一會兒，然後說：「只是我真的也不太清楚。」

達賴喇嘛停止說話，去拿放在面前矮桌上的和尚包袱。他十分專心地開始搜索包袱裡的東西。過了好一陣子，他似乎還很難找到他想要的東西。

坐在達賴喇嘛左邊的艾克哈特．托勒清了清喉嚨，他似乎是從半冥想狀態中清醒過來。在對話交流過程中，他大部分是坐在扶手椅上，眼睛半閉，兩手緊握放在膝上。

現在，他灰藍色的眼睛完全睜開了，對著達賴喇嘛說：「之前，我們從橄欖球的起源開始談起。」他的聲音柔軟，有點女性化，帶著德國口音。「當我聽到時，突然想到一件事。幾天前我在英國廣播公司聽到一則新聞。那是我最喜歡的新聞頻道，而且我相信閣下也和我一樣。」

這時，達賴喇嘛暫停翻找，熱忱地對托勒笑了笑，這是一個真正的微笑。上一刻，他還心事重重地在紅褐色包袱中找東西，下一刻，他就立即對托勒展現出友好的燦爛微笑。

這是這位德國人和西藏精神領袖的初次會面。我很肯定，達賴喇嘛不知道托勒的巨大影響力。在全世界，托勒有數以百萬計的追隨者，他兩本具有里程碑意義的書籍——《當下的力量》（*The Power of Now*）和《一個新世界》（*A New Earth*），都是紐約時報暢銷書，並已有近四十種語言的譯本。全世界有超過三千五百萬人曾看過他與歐普拉．溫菲爾的網路研討會。

「英國廣播公司這則新聞是關於足球……足球，英式足球。」托勒繼續說道：「我想，研究人員是將這個情況稱之為『ＰＫ』吧！我已經大約二十年沒看足球賽了，所以我只有一個模糊的印象。」托勒的聲音很迷人，安靜緩慢，十分有親和力，句子之間長長的停頓具有催眠效果。有些聽眾可能覺得太舒服，甚至都快睡著了。「這往往是一場比賽中具決定性的關鍵時刻，這一刻對這個球員會產生巨大的壓力，所有結果都取決於此刻，有時甚至全國人民都在看著。」

托勒停下來好一會兒才繼續說道：「所以這是不可思議的重要，不只是在宇宙範圍之內，更是超越了宇宙範圍。」

錦帕湊近達賴喇嘛，以耳語向他解釋罰球決勝負的複雜性。

托勒繼續說：「研究人員檢視了當裁判吹哨子後所發生的事。有些球員沒有暫停不動，一些球員聽到哨音響起後便立即射門，他們跟那些聽到哨音響起——大約暫停三、四、五秒，甚至是時間更久而不動的球員相比，這些人得分的機率較低。當原先那些靜止不動的球員終於可以射門時，他們進球的可能性，絕對比都不暫停的球員要大得多。」

達賴喇嘛終於找到他要的東西了——一頂橘色的遮陽帽。他調整了魔鬼氈，將帽子戴在頭上，以免過度明亮的舞台燈光直射他的眼睛。

「大家都關注『理想的結果』，大家都想著『我必須要表現』，這樣的注意力反而蒙蔽了一切。」托勒繼續說：「應該把這樣的注意力重新引導到更深處，引導到當下。我相信這是創意的基礎過程：把注意力重新引導到內心深處，你會碰觸到更深層的自我存在，更深層的生命力，那就是所有力量的泉源。而當你碰觸到那股力量，所有概念性的東西，包括『我』在內的概念，就都會消失了。」

托勒閉上了眼睛。他身體朝前，癱坐在椅子上，但神情是絕對的專注。他身上那件淡綠夾克對他來說太大了。雖然他已經六十多歲，臉上仍然十分明顯地保留了孩子氣和天真的神情。

托勒對達賴喇嘛說：「這並不是說當我被要求踢球時，我就在內心深處要求讓它進球。不過，話說回來，為什麼不呢？我已經直達內心深處，我已經與力量的泉源產生聯繫……只是還是沒進球。」達賴喇嘛悄悄笑了起來，他的肩膀因為笑而抖動著。「有些事情要先做好準備。麥爾坎・葛拉威爾（Malcolm Gladwell）在《異數》（*Outliers*）提過，為了達到熟練，其中一個條件是要經過一萬個小時的練習。在一萬個小時後，我們已經準備好接受創意的力量。」

肯・羅賓森爵士穿著深色西裝，紫色領帶，看起來溫文爾雅。他側身看了看托勒，臉上有點懷疑的表情。他以優美高雅的牛津劍橋腔口音對達賴喇嘛說：「看來，我要想辦法擺脫艾克哈特對足球侃侃而談的這件事了。」

穆雷・蓋爾曼立刻抓住機會，假裝懊悔地說道：「我真是給大家找麻煩了。對不起，我收回來好了。」

「裁判吹了哨子。」肯・羅賓森爵士繼續說：「艾克哈特等了一萬個小時……結果球還是沒進。」

看似輕鬆自若的旁白，讓肯．羅賓森爵士獲得滿堂喝采。他的音調完美，善於掌握時機，加上冷面笑匠的功力，這位著名的教育家絕對可以做一名脫口秀喜劇演員，過上舒適的生活。在過去幾年中，我看了他所做有關創造力和教育的TED精彩演講多達六次，而且從來看不膩。它是思路清晰、活潑生動，且具變革性洞察力的演講典範。即便是我十三歲的女兒也將他的演講下載到iPod上。那是迄今為止，唯一她被收集到影音收藏中的一個講座。

「也許，創意是我們與生俱來的，是渾然天成的。」達賴喇嘛等笑聲平息後繼續推論：「因為我們有大腦，就有創造的潛能。但我覺得，我們必須要去誘導它。有時候，生活太安逸、太順遂時，說不定創造力就此沉睡了。在有更多困難、更多矛盾的時候，我們的智能會變得更加活躍。但，我對創造力的知識是非常有限的。」

他停頓了一下，重複了他先前說的話：「我真的不太清楚。」這一次加重了語氣。

當初我聽到這樣的會談組合陣容時，我有點疑惑讓達賴喇嘛參與討論創造力的話題是否明智。我知道在藏文中沒有對等的語詞。達賴喇嘛一心一意專注於精神層次和培養積極正面的內在體驗。他只了解一點點具創意性的活動，如音樂、藝術和舞蹈。

但後來我請到了世界著名的大人物來參與對話，像是肯．羅賓森爵士、穆雷．蓋爾曼和艾克哈特・托勒，這些人對於創意都具有高度的創見，於是我不再擔憂。他們強調創造力的重要性，更關鍵的是要讓這樣的觀念落實在全世界兒童學習的課程上。肯・羅賓森爵士曾說過：「我的論點是，就教育來說，創造力與文學一樣重要，我們應該兩者並重。」

達賴喇嘛認為慈悲心的培養也應該進入到教育的領域，所以我認為他們之間自然有相似之處。但對於當他發現在討論創造力時，很難跟上大家的步調，而且多次表達自己知識貧乏之時，我不應該覺得驚訝。他必須要很努力才能參與討論，因為他的心中根本沒有這樣的概念。在會談上他有充裕的時間可以發言，但他覺得自己只能做一點點的補充。當拼命要把慈悲跟創造力這兩件事拉扯在一起時，已經可以證明這離題太遠了。

變魔術

「數到三，用我們都學過的單字說：扎西、德勒……一鞠躬！」魁格．柯柏格（Craig Kielburger）對著麥克風大聲吼道。達賴喇嘛緩緩走上溫哥華的舞台，頓時現場一陣混亂。一萬六千名少年追星族站了起來，尖叫著西藏的問候語「扎西德勒！」（Tashi delek），噪音震耳欲聾。成千上萬的手機和數位相機被高舉在空中，所有的閃光燈都對準了這位穿著紅褐色長袍，站在溫哥華曲棍球場一端的人物。

達賴喇嘛走到柯柏格身邊，面對人群，他深深一鞠躬，雙手合十，碰觸到臉。

加拿大「解放兒童基金會」創始人柯柏格說道：「我們希望送您兩件禮物。第一件是承諾提供資金在印度創辦一所藏族兒童學校。您曾經說過教育就是最偉大的禮物。另外，我們也有一件小小的禮物要給您，一件象徵著我們對全世界做承諾的禮物。」

一個十四歲的女孩走近達賴喇嘛，送上一件棕色T恤。柯柏格身上也穿著相同的T恤——上面印有他心目中的英雄人物，印度聖雄甘地家喻戶曉的名言：「改變就從我開始」。達賴喇嘛用額頭輕輕碰觸一下T恤，然後把它甩到右肩上。人群中再度爆出大聲喝采。如此熱情的接待讓他感動，而非驚訝。我不曾見過如此情緒高漲的觀眾對他熱烈歡迎，通常是小賈斯汀（Justin Bieber）或傑森・瑪耶茲（Jason Mraz）這些巨星出現時才有如此待遇。他們在達賴喇嘛到達前先上台開唱，炒熱了氣氛。

達賴喇嘛示意要學生坐下。他轉過身，與柯柏格一起走向擺在舞台中央的白色沙發。他穿著一雙拖鞋。

「現場有些孩子有問題要問您。」柯柏格對達賴喇嘛說，然後兩人雙手緊握著一起坐了下來。

「我喜歡問題。」達賴喇嘛回答。他放開握著柯柏格的手，把長袍朝手臂上翻過去，然後看了看手錶。柯柏格笑了笑，笑聲也從人群裡擴散開來。

現在是早上十一點半，達賴喇嘛剛剛抵達球場。這個早晨他非常忙碌，剛剛才結束了另一場活動後就趕到這裡。我已經告訴柯柏格，他只能跟學生會面十分鐘。達賴喇嘛在溫哥華的行程表非常緊湊，每一分鐘都計算得像軍人一樣精準。他的午餐已經遲了，這是他一天當中最後也是最重要的用餐時間。我很確定，達賴喇嘛已經餓扁了（他是在六個小時前吃早餐的），他的私人祕書也急著要他回飯店。

「請提出第一個問題。」柯柏格對一小群盤腿坐在舞台地板上的學生說。

「閣下……」一個男孩開始先開口。

達賴喇嘛猶豫了一下，他和坐在身邊的翻譯土登錦帕簡要地交談了一下。

「哦，哦，」達賴喇嘛插話道：「先讓我說幾句話。」

「當然。」柯柏格馬上說。我知道他很驚訝，又有點擔心事情突如其來的變化。我已經反覆叮囑他有關掌控程序和時間點的問題，達賴喇嘛的私人祕書也已確認了這點。但面對此刻突然的變化，柯柏格只好順其自然。

這時，達賴喇嘛有了一個新點子。他說：「我想站起來跟大家談談。」他站起來，走到舞台邊。群眾又狂熱起來，閃爍的鎂光燈再度照亮了整個球場。柯柏格滑下沙發，與一群學生坐在地板上。

「親愛的年輕的兄弟姐妹們，」達賴喇嘛對著人群說：「我非常高興能花幾分鐘和你們在一起。這次的活動對我來說有提神醒腦的作用。我越來越老了，但是跟你們這些年輕、開朗、美麗的面孔在一起，我自己也覺得，哦……或許我也是其中的一份子。」他彎下腰，對坐在前排的學生搖搖手指。他踩著腳跟，身體輕輕地前後搖晃，看起來自得其樂。

「你們是更美好的未來種子。」他說：「時間永不停息，沒有任何力量可以阻擋。但是，我們有機會可以更有建設性地利用時間，當然也可以更具破壞性地利用時間，或者只是荒廢時間。這都取決於自己。」

全場一片靜默，閃光燈也不再瘋狂閃爍。

達賴喇嘛繼續說：「回首二十世紀，人類在許多領域都有創建的發明，特別是在科技、科學上的發明，那真的是很棒的一個世紀。但它也是最血腥的世紀。一些專家表示，有超過兩億以上的人因為暴力而死亡。這些人就跟我們一樣，對他們自己、對朋友和家人而言，他們的生命都是寶貴的。一些人使用暴力希望能夠解決一些問題，希望能得到一些好東西。但現在我們回頭看看：得到的只有災難，只有痛苦的經歷。因此，本世紀應該是和平的世紀。」

人群發出陣陣喝采，掌聲中穿插著尖叫聲和口哨聲，震耳欲聾。

「什麼是和平？和平並非不再有任何問題，不再有任何衝突。差異和衝突是會永遠存在的。和平意味著當衝突發生時，請運用我們的常識與慈悲心來考慮世上其他的人，這世上我們大家都是兄弟姐妹。基於這一點，要盡量克制使用暴力，這才是真正的和平。但是，除非我們能擁有個人內心的平靜，否則這很難做到。是不是？真正的世界和平必須來自個人內心的和平。你們是能形塑本世紀的關鍵人物，請讓這個世紀更和平，更有慈悲心。」

達賴喇嘛剛進入曲棍球場時，我非常清楚他看起來有多累。他剛剛從加州飛來，一大早已經參加了兩小時有關創造力的對話，對談者都是能量十足、深具啟發性的人，包括肯・羅賓森爵士和艾克哈特・托勒等人。他有點難以理解他們以西方為中心的高深奧妙理論。但現在，他看起來完全脫胎換骨了，因為他和一群年輕人在一起，看起來活力充沛，神采奕奕，像是年輕了十幾歲。因為一大群年輕觀眾的善意與熱忱，讓他完全變了個人。

達賴喇嘛說：「有兩件事情。」他用右手食指拍了拍他伸出來的左手小指以示強調：「首先，我們應該建立的概念，是全世界六十億人口都是『我們』的一份子。」

我偷瞄了柯柏格一眼。他努力控制自己不要表現得太過激動。他已經放棄掌控全場秩序了，臉上露出的笑容也越來越深。畢竟，他已經為參與這個伍斯托克式（Woodstock-style）會議的年輕人和理想主義者創造了新名詞：我們日（We Day）。

「我們日」最重要的部分是慶賀年輕人以實力與他們的學校一起來改變世界。在這個活動規劃中，達賴喇嘛是全球性的指標，其他人還包括了珍・古德（Jane Goodall）、米亞法蘿

（Mia Farrow）、加拿大總督尚恩（Michaelle Jean）、諾貝爾和平獎得主貝蒂．威廉斯（Betty Williams）。為了幫助人們理解這些崇高的訊息，大部分的活動都是以音樂為主，參與者也都是頭號大咖，如傑森．瑪耶茲、莎拉．克勞克蘭（Sarah McLachlan）、科南（K'naan），及加拿大美聲男高音（Canadian Tenors）。

「我們日」是由二十七歲的柯柏格發起的，這是個不只進行一天的慶祝活動和激勵方式，而是個為期一年的創意計劃中的一部分，它教育年輕人了解全球性的問題，並為群體利益貢獻他們的能量。柯柏格曾說：「這不只是一個活動，而是真正的群眾運動。」任何一所學校的學生只要想參與體驗都可以免費加入。唯一的交換條件是，每所學校和參加的每位學生都要為當地和全球慈善工作項目服務一整年。柯柏格認為，這個活動與一個基本理念是相通的，即致力建立一個樂於積極改善的社區。他說過：「八〇年代和九〇年代被稱為『我的一代』……我們需要把這個鐘擺朝向很遠的另一個方向擺盪，這樣人們才會更專注於『我們』，而這必須由年輕人開始做起。」

達賴喇嘛那件棕色T恤仍然披在右肩，為他那件標準的和尚袈裟上增添了一抹意想不到的色彩，這讓我聯想到那些在巴黎的服務生，喜歡把雪白的餐巾朝肩膀上一擱。學生的能量

始旋轉背帶，但他似乎很難做到他想完成的事。他盯著雙環扣，不知所措，然後跟弟弟說了幾句藏語。阿里仁波切很高興可以幫他，立即拿出一串祈禱串珠給他。

達賴喇嘛拿著長長的串珠，穿過左手，珠子便掛在手腕上。接著，用另一隻右手把串珠來來回回串起來，串珠在他手腕上穿過來穿過去。然後他輕輕一拉，這串珠子就脫離了手腕，變成一長條串珠，就像變魔術一樣。我笑了起來。當麗娜也倏地露齒而笑時，達賴喇嘛望著她。麗娜的妹妹則咯咯地笑著。

達賴喇嘛仍維持蓮花坐姿，俯身朝向麗娜，拉住她的左手臂。他把佛珠串在她的手腕上，轉了一圈，再在她手上繞第二次。「錯了，錯了，錯了。」他說。他知道自己繞錯方向，魔法行不通了。他又嘗試了幾個其他的排列組合，都不正確。「不對，不對。」他越來越心慌意亂。阿里仁波切用藏文指點了哥哥。達賴喇嘛從麗娜那兒接過珠子，在自己手腕上練習，串珠跟先前一樣輕鬆自如地脫落了。「對了，對了。」他滿意地說。然後，他伸手抓著麗娜的左臂再試一次。

這一次，他順利完成了魔術。

在溫哥華的曲棍球場，達賴喇嘛希望繼續談論他對愛心和慈悲的觀念。「以我自己為例：我的母親非常仁慈，但我的父親卻不同。」達賴喇嘛對著快樂的學生娓娓道來。「我相信我的慈悲心有很大一部分是來自我的母親。慈悲的種子不是從教育而來，也不是來自宗教，而是來自於母親。」

「在西藏，小孩子通常會坐在媽媽的肩頭上。」他說，「我喜歡這樣，我抓著媽媽的兩隻耳朵，像這樣。」他表演雙手抓住耳朵的樣子，然後把手攥成拳頭，好像拉著馬的韁繩。「然後，當我想去這一邊，就這樣做。」他的右手拉著虛擬的馬韁。「要到另一邊去，就這樣做。」他的左手猛地用力向左拉。「我媽媽太好心，把她的小兒子都寵壞了，所以有時候我膽子更大了。如果媽媽不順我的心，我就會哭，還這樣子做。」達賴喇嘛迅速地交替雙手拉扯著。

觀眾又開始瘋狂起來，成千上萬的閃光燈照亮了舞台。一個穿著黃色T恤的年輕女孩看著達賴喇嘛模仿一個被寵壞小孩的樣子，驚訝之情完全寫在臉上，她完全沒想到世界著名的宗教導師會是這個模樣。

此時，達賴喇嘛直起腰來。瞬間，之前戲謔的模樣消失了，他重新回到正題。「我們從母親身上獲得慈悲的真實種子，每個人都是如此。然後，帶著這顆種子，與我們共同的經歷與日常知識同時併用。最新的科學研究發現，越有慈悲心的人會越健康。不只是內心平靜，對我們的身體健康也有好處。我說完了，請發問。」

達賴喇嘛轉身，走回沙發，盤坐成蓮花坐姿。柯柏格坐在他旁邊的座位上。

一小組學生坐在舞台上達賴喇嘛身邊，其中一個亞洲女孩舉起手來。柯柏格指著她點點頭。

「閣下，扎西德勒！」女孩以藏文的歡迎詞對達賴喇嘛打招呼。「請問您，我們該怎麼做才能更有慈悲心？」

達賴喇嘛不太明白她的問題，轉向錦帕問清楚。柯柏格想替他解釋道：「這個問題是：從您的角度來看，我們大家，也就是我們年輕人要如何學習更富有慈悲心？」

達賴喇嘛說：「這我剛才已經說過了。」頓時，笑聲從人群中擴散開來。柯柏格一鞠躬，用手遮住臉裝出很慚愧的樣子。他告訴達賴喇嘛：「他們喜歡您的教導，想學得更多。」

「我們每個人都有慈悲的種子。」達賴喇嘛回答，看起來有一點惱怒的樣子。比起我在私底下見到的他，他已經更寬容更有耐心了。因為我們彼此熟識，如果我又問同樣的問題，他會直言不諱地告訴我，我在重複問問題，我沒有仔細聽他先前說的話。

「我們從母乳中收到這個種子。而這個小東西，這個小小突起的東西，我們把嘴湊上去的東西，叫什麼？」他指著胸口，想要拼湊出正確的字。錦帕有點害羞，但仍硬著頭皮盡責的回答：「乳頭。」

「乳頭，是的。像這樣。」達賴喇嘛毫不在意地把食指放在嘴裡，津津有味地吮吸著。他的耳機式麥克風把這放浪不羈的吸吮聲無限擴大，散播到整個球場的邊緣。「因此，我們已經得到了充分的祝福，母親已經把慈悲心給了我們，這就是種子。有一些年輕的孩子不幸缺乏父母的愛，或是被虐待，這樣的孩子就很難培養慈悲心。真正的種子是來自母親。當你長大了，結婚，生小寶寶之後，請給孩子最多的愛，這很重要。」

⁂

我驚嘆於達賴喇嘛關於母乳的洞察力。他深信，母親哺育子女的過程是人類早期情感發展的樞紐。他認為這就是真正慈悲的生物學基礎。而我們的責任是培育慈悲心，並且隨著年齡的增長，要充分運用聰明和智慧全面發揮慈悲心。

心靈的教育

二〇〇九年在溫哥華，達賴喇嘛難得捨棄他慣選的議題，追憶起季節的變化。「在春天，萬事萬物都在成長，新生命開始了，讓我們感覺幸福。」這位西藏精神導師這樣告訴一群教育研究人員，「在秋天，樹葉掉落，樹木變得光禿禿，所以，我們對秋天的關注比春天少，而這也展現出人的本質，即我們希望新鮮、生存、成長與和平。」

他把手輕輕地放在胸前感慨地說：「但和平的生活不是源自於智慧，而是從溫暖的心而來。」

「大家都知道在教育中有一些欠缺。」達賴喇嘛對英屬哥倫比亞大學教育學教授金柏莉．史谷內特瑞秋（Kimberley Schonert-Reichl）說：「教育是創造快樂、和平的人類社會的關鍵因素。因此，我們需要像你這樣的專家，需要更多的研究、具體想法和建議。在歐洲和美國，還有印度，我已經多次表達過這些想法。當時人們都同意我的看法，完全同意，但是什麼都沒有發生。現在已經過了一段時間，應該要有些建言了。不要指望這會由我提出，不，我什麼都不知道。這應該由你們這些教育家、你們這些教授來做。」

「嗯，您知道，基本上我們已經做了很多研究。」金柏莉．史谷內特瑞秋回答。她是一個熱情洋溢、有著迷人笑容的女人。「三年前您在溫哥華告訴過我們：『現在就去做吧』，如今已經有諸多進展。現在有許多措施是側重於孩子的心的教育。」

達賴喇嘛說：「我想知道，實施心的教育之後，你發現結果有產生什麼差異？沒有受過這種教育，和那些已經受過這種教育的學生之間，有什麼區別？」

對達賴喇嘛而言，直接了當地提問是件很不尋常的事，這就像是個鐵石心腸的科學研究家在問同事相關的實驗數據一樣。從年輕時開始，達賴喇嘛就擁有得天獨厚的探究與分析的頭腦。大約三十年前，他協辦了心靈與生命研究所，這是個專門安排達賴喇嘛和科學家及學者之間進行對話的組織，以促進對心靈、情感和實相的本質進行更深入的理解。這些年與著名的物理學家、心理學家和腦部科學家們的互動，讓他散發出獨特的理性光芒。

「我們已經針對學生和教師擬定增進專注力的計畫，」金柏莉．史谷內特瑞秋報告道：「我們發現參與這項計劃的兒童會表現出不同的特質。他們培養出同理心、利他主義和慈悲心，在學校也表現得更好。因此，我們知道把心靈和大腦的教育連結在一起時，會發生很多很好的事情。」

「太好了！」達賴喇嘛說。我看得出來，他很高興他多次到溫哥華訪問後，已經產生了明顯的效果。金柏莉．史谷內特瑞秋笑得更開心了。她已經針對準教師，設計了一個為期十二個月與心靈教育有關的培訓計劃，這也是北美首創的培訓計劃。這些培訓的教師學會了如何將社交和情緒發揮在每一個類型的科目中。有證據顯示，他們喜歡這種全人教育，而且確信這是他們迫切需要接受指導的領域。

在二〇一〇年，美國研究人員在三十萬名小學和中學生當中，分析了二百一十三位學生後發現，與沒有受過訓練的學生相比，這些受過社會、情感和專注力指引的學生，在考試成績上提升了十一％到十七％，學生們對學校的感覺也更好，行為也比較積極正面。結果呢？喝酒、吸毒、暴力和霸凌事件發生率都降低了。

在過去的幾年裡，金柏莉．史谷內特瑞秋還曾與女演員歌蒂韓（Goldie Hawn）密切地共同研究心靈提升的成效。這是歌蒂韓基金會的創新課程計劃，由教育工作者和腦部科學家共同設計了十五堂心靈提升的課程，目的在增加學生於課堂上的專注力。數據顯示，完成課程的孩子提高了全神貫注的專注力。他們覺得壓力減輕了，而且在標準化測驗中表現得更好。學生能更有效地管理自己的情緒和行為，對他人也更能發揮同理心。最重要的是，他們往往更快樂，也更樂觀。

☙

在童年時，我已經接觸到正念的觀念。我在香港長大，母親讓我報名參加中國書法和太極課程。這兩種課程的核心觀念都是強調深思熟慮、精確和專心一意。匆匆忙忙和草率了事，就會讓老師皺眉。我從來沒有認真用毛筆沾墨汁勤勉而重複地練習複雜的中國字；在功夫課，我更感興趣的是鶴拳的爆發力，而非呆板、令人昏昏欲睡的太極拳。過了一陣子，媽媽放棄了，我再也沒有拿過毛筆。但是，在漫長的中斷之後，最終我還是繼續練習太極拳。正念的練習所帶來的微妙獎勵，以及培養當下警覺萬事萬物變化的過程，都在我心頭留下了印記。

多年以後，因為要替我的書做研究，我徒步往來於喜馬拉雅聖山間。每一天都在正念與安詳靜默中行走無數小時，最終我走到一萬九千英呎高的隘口。我揹著五十磅重的背包，想像自己走在溼漉漉的海邊，並把全部注意力集中到每一個步伐上，想像著盡量在潮濕的沙灘上留下淺淺的腳印。這個簡單的技巧讓我集中心智，讓我的心猿意馬有所歸依。來自「忘我」的興奮感，減輕了長途跋涉在高海拔地區的身心不適。

我了解到，我可以享受正念所帶來簡單的快樂，以及那些彌足珍貴的幸福瞬間，而不必靠盤腿打坐成蓮花坐姿，正式地進行靜坐冥想。在一天當中，只要有一段時間保持正念的清晰冷靜，克守紀律和堅持毅力，就可以在我們大多數的活動中培養專注力。像是：吞嚥食物前先咀嚼二十次；慢慢地刷牙，注意每一顆牙齒；專心走路，留意每一個步伐的起與落。

我知道在我們的日常生活中可以做到這些或做得更多，創造出一種正念的文化，以消弭我們的匆忙躁進，和多工處理帶來的靈魂麻木的問題，這也是我們時代精神的一部分。應該讓我們的子女把這樣的好事帶進他們的學校和家庭環境中。學習正念是「心靈的教育」的基本要素——這是達賴喇嘛世界觀的核心宗旨，也是增進幸福快樂最明確可行的方式。

☙

達賴喇嘛認為，心靈的教育能有效改善當前世人以幾近宗教的狂熱追求學術成就的行為。他認為有必要退一步，看看更廣闊的遠景，並檢視年輕人與家庭、社區和環境的互動。同理心與壓力管理的技巧，可以幫助學生過更充實的生活。他認為學校可以培育青少年成為有愛心、寬容與和平的人，而不只是一個學習閱讀、寫字與算術的地方。

雖然達賴喇嘛相信培養正念的觀念，和加強社會與情感能力非常重要──就像金柏莉．史谷內特瑞秋這類研究人員和其他人所致力的研究──但其實他對教育的觀點還更細緻入微。他的理想，毫無疑問也是崇高的理想，就是要確保青少年了解萬事萬物之間都相互有所牽連，彼此是緊緊相繫在一起；並且在他們長大成熟之後，會開始體認到全人類都是兄弟姐妹。對於達賴喇嘛而言，心的教育意味著能引導他們培養真正的慈悲心。

「慈悲心有兩個層次。」達賴喇嘛告訴金柏莉．史谷內特瑞秋：「一個層次是與生物因素有密切關係。這種慈悲不需要訓練，也無需藉助於智慧。它是自發性的，像是母親對孩子的慈悲，或者親人之間的慈悲──至少親人會對你表現出積極正面的態度。這些是生物因素，而且非常依賴於其他人的態度。」

達賴喇嘛所認為在這個水平的慈悲或親近的感覺，也可以很快變成怨懟和仇恨，這是因為它是帶有附帶條件和慾望。例如，浪漫的愛情，通常是緣於以自我為中心的情緒需求，當一切進行順利時，我們往往會誇大並過分強化伴侶的優點。但是，當感情或情況產生變化時，結果通常會產生失望和背叛的感覺。這種愛是出於個人需要，而非真正關心對方。

達賴喇嘛警告說，我們的負面情緒經常是種衝動，而非基於對形勢的準確理解。我們過度的情緒反應會阻礙我們理性和建設性的行為能力。然而，正面的情緒是確實認清實相的途徑，同時也是受理智所控制的。因此，真正的慈悲不會被情緒左右，那是一個堅定的承諾，即使我們面臨著敵對行為，依然會堅如磐石。

達賴喇嘛舉了一個他還是小孩子時的偏見例子。每當他遇到兩隻狗打架時，他的心總是偏向落敗的一方。他出於本能地想要踢那隻強者，但不得不努力壓抑著自己。現在他老了，他意識到這樣的行為已經表現出明顯的差別心，在他鍛鍊的慈悲心中，這明顯是種偏見。

「慈悲心的第二個層次是種墊基於理解和尊重上，不受他人態度影響的更超然心態。」達賴喇嘛繼續說：「我們不要在乎別人如何對待我們，我們深知他們也是凡人眾生，和我們一樣是有感情的。我想要幸福快樂，我不想要受苦，正因為如此，我有權利努力消除痛苦，但其他七十億人類也有同樣的權利。在當今各系統彼此相連的實相中，我的未來牽扯到別人的未來，所以我也必須把他們的利益當做是我自己的利益。」

「當別人面臨困難時，我們必須要做出回應，因為我們關心他們，這是真正的慈悲。第二個層次的慈悲心，它是穩定的、不偏不倚的，它是朝向那個跟我們一樣會敏銳地感到痛苦的人。」

達賴喇嘛曾表示，不論一個人是否漂亮、友善、具吸引力，抑或是否容易相處，這些都不重要。基本的底線是，他們是人類，就像我們一樣。他們也渴望幸福快樂，不想受苦。此外，他們需要克服痛苦、追求快樂的權利也不亞於我們。如果我們能夠內化這種普遍的真理，就應主動感受到對他們所產生的同理心。那是透過對訓練頭腦而養成的習慣，這個包羅萬象的利他主義讓我們發展出某種對他人的責任感，我們深切希望能幫助別人解決困難。對於達賴喇嘛來說，這個願望是統一適用於所有一切，毫無歧視的。

「真正的慈悲意味著我們會對每個人都一視同仁，」達賴喇嘛繼續說：「甚至對我們的敵人也能發展出同理和溫情，這就是真正的慈悲。如此一來，我們就會實踐利他主義的行為，只關心他人的福址。自私的動機不會影響我們的思維方式或行為。做為一名僧人，培養慈悲心是每天都要做的練習。通常我都在我的房間裡靜坐，冥想著慈悲之愛。」

對於初學者來說，這只是意味著在腦海中想著那些我們十分關心的人的面孔，例如我們的孩子。通常不必太費力，我們就會對他們產生慈愛的感覺。過了一段時間，我們可以把對親人的慈愛轉換到朋友和熟人。然後，最終轉化為對陌生人的慈愛。隨著不斷的練習，這種感覺會擴展到那些與我們敵對的人身上。

威斯康辛大學麥迪遜分校的神經科學家安東尼・盧茨（Antoine Lutz）和理查・戴維森（Richard Davidson），已經證明這種冥想的實踐能加強慈悲的能力。他們研究的冥想實驗是專注於慈悲心的冥想，利用磁能共振圖像掃描顯示大腦區域對於同理心的反應，當他們聽到一個女人的尖叫聲或嬰兒啼哭聲，左側前額葉皮質層就會開始高度活化。冥想能正確識別痛苦，然後對於遭受痛苦的婦女和寶寶產生強烈的移情作用，結果就是具有更深刻的慈悲意識。

長期的冥想訓練顯然可以幫助我們對他人的情緒狀態產生共鳴。在長期熟練冥想之後，就能夠複製這種情緒狀態，超越單純的智能理解，進而產生強大的慈悲與憐憫之情。對於這些冥想者來說，「自我」和「他人」之間的界限是模糊的。在日常生活中，那些圈外人立刻就能被拉近成為親密的朋友和家人。他們知道，我們都是一體，都是無休止地在為「他人」的福祉而努力。

科學家們驚訝地發現，當這些冥想者處於一個穩定的狀態時，與慈悲相連的神經迴路不再是他們腦中惟一受到影響的領域，而是所有的區域都直接與行動連結，亦即運動皮層和基底神經節，其所增加的強度令人驚訝。

「慈悲是經過培養後，透過理性發展出來的。」達賴喇嘛繼續談論他最喜歡的話題：「教育家在培養慈悲心上扮演著非常重要的角色。但如果只是單獨訓練發展大腦，卻不一定能帶來內心的平靜或幸福。

「有個跟我很熟的西藏僧侶，他是我們寺院的一份子，和我很親近。自一九五九年以來，他在中國的集中營待了十八年。八〇年代初，因為新的形勢發展，一些藏人可以來印度。這個和尚也來了，我們便會見面閒聊。有一天，他提到那十八年間在集中營碰到的一些危險。我問他有什麼危險？他回答說：失去對中國人產生慈悲心的危險。這個人沒有受太多的教育，也沒什麼學問，但卻是位很棒的行動家。他認為對所謂的敵人具有慈悲心是很重要的，所以他自我訓練這一點，對那些找他麻煩的人不斷地培養慈悲心。結果他的內心很平靜，很和平。慈悲給了他幸福快樂。」

來自孟加拉的紳士

時間是二〇〇九年。在溫哥華，一位名為費茲爾．哈珊阿比德（Fazle HasanAbed）的先生對達賴喇嘛說：「一九七〇年在孟加拉有一場颶風。」這位孟加拉男士坐在大大的皮製扶手椅上，輕鬆地翹著腳。「有三十萬人死亡。我到外面的村莊去，看到死屍散落四處。突然一個想法冒了出來，我認為我為殼牌石油擔任負責人的工作，是毫無意義的。於是我開始做慈善與重建的工作，重點是放在幫助窮人中的窮人。」阿比德講話聲音小小的，也不善於修辭。但他在強調重點時迅速地比手劃腳著，臉上不時帶著微笑。

「我早就明白扶貧必須是長期的承諾，」阿比德繼續說：「發展必須是多方面且全面性的。不僅是就業，不只是教育，而是包括所有這些事情。我明白了人們並不是需要發展的對象，因為他們本身就是發展的主體。我相信，人類可以改變自己的生活。所以我創建孟加拉鄉村發展委員會（BRAC）。我們把這種理念用來組織群眾，讓他們直接參與。」

像往常一樣，達賴喇嘛已經度過超級忙碌的一天。他累了，精神萎靡不振，但是，他朝阿比德的方向伸長脖子，全神貫注地傾聽這位孟加拉人如何幫助窮人提升生活，這正是達賴喇嘛有濃厚興趣的話題。這次的會談，我邀請了有成就的人道主義者參加，如將阿比德這類型的人聚集在一起，向達賴喇嘛講述自己的故事，並解釋他們的工作。其中不少人對大眾來說是比較陌生的，但這些人雖低調卻極為有效地改變了窮人的生活。其中包括溫哥華的法蘭克·格斯塔（Frank Giustra），印度的埃拉·巴特（Ela Bhatt），以及紐約的蘇珊·戴維斯（Susan Davis），她和阿比德已經合作多年。另外也有些聲名顯赫的人士，如：鮑勃·格爾多夫（Bob Geldof），彼得·巴菲特（Peter Buffett），皮耶·歐米亞（Pierre Omidyar）和瑪麗亞·施萊佛（Maria Shriver）。他們都有一個共同的願望，就是盡可能迅速而有效地改善世界。

在過去的幾十年中，達賴喇嘛經常說他生活中的首要任務是培養如慈悲心、寬恕和利他主義的價值觀。他帶著這個訊息在世界各地旅行，通常是在公開演講和小組討論中談到，但有時也在大型活動，在成千上萬的觀眾面前提及。

但我有一種感覺，在他一遍又一遍說明自己終生的志願後，他感到沮喪了。他很失望地發現自私自利仍然是社會的準則，窮人和富人之間的差距仍不斷擴大。因此我認為值得讓他接觸到一些能分享他理念的人，他們同時也具備了技能和必要的能力，能改善這些生存瀕臨危機人們的生活。

七十出頭的阿比德外表出眾，雪白的頭髮經過精細的分邊，身穿暗色的細條紋西裝，就算此時他是身處一間跨國公司的會議室中也不會覺得不自在。我已經認識他好幾年了，我們曾在紐約市、溫哥華和德里見過面。他總是有著無可挑剔的紳士派頭，彬彬有禮，帶著低調的善心。然而在他慈祥的魅力之下，我感受到一種超然卓越如鋼鐵般的意志。

阿比德意識到，在孟加拉要實現真正的改變，範圍必須擴及全國，只單獨在一個區域工作是不夠的。當他創立孟加拉鄉村發展委員會時，國家有近一億人。他知道他的新組織必須快速增長，而他在世上第三大能源公司殼牌石油工作時所獲得的經驗是無價之寶。

「我看到他們是如何運作的，」阿比德說：「殼牌在全球營運而且效率很高。所以我想，變大並不意味著你一定要做壞事。在孟加拉鄉村發展委員會的第一個十年，我們學習如何有效而迅速地擴大。

「在過去的三十七年，我把工作重點放在減輕貧困。我們開創小額信貸，現在有超過八百萬名的婦女借款，貸款已達五十億美元。我們創辦學校，到目前為止共有三萬七千所，所有的教師都是女性，而兩百萬名學生中有百分之七十是女生。最重要的是，我們專注於孟加拉社區裡女孩和婦女的變化所帶來的影響。」

紐約時報的尼古拉斯・克里斯托夫（Nicholas Kristof）描述孟加拉鄉村發展委員會為「一個藉由給婦女權力以促進經濟發展，並藉此解放婦女和對抗全球貧困的初期運動。那是個正在進行中的過程——她們不是戲劇化的受害者，而是具有權力的人。活潑可愛的青少女從妓院的奴隸，轉化成為成功的企業家。這是一個轉型的故事。」阿比德和一個比較有名的同胞——諾貝爾和平獎獲獎者穆罕默德・尤納斯（Muhammad Yunus），早已了解婦女和女孩的變革力量，當她們有機會上學和進入正規勞動市場時，就會帶來改變。阿比德完美地實現了這個使命。我認為能把他帶到溫哥華與達賴喇嘛會談正是絕妙之舉。

阿比德剛開始工作時是個經濟學家，他研究過所有數據後發現，一個女孩只要去上學，就至少會晚七年結婚，並且孩子也比較少。如果女孩在小學多讀一年，她的工資就會增加百分之十到二十；如果在中學多讀一年，薪水就會增加百分之十五到二十五。他得出的結論是：女孩是經濟改革的推動者，可以為自己、家庭和社區帶來持久的變革。他深信對抗全球貧困、解決民間紛爭，甚至是改善環境，投資女童教育都是最有效的策略。忽略了女孩具有的潛力，可能會浪費社會數十億美元的資源。

但阿比德面對的是巨大挑戰。孟加拉是一個高度父權社會，性別歧視很嚴重。在教育、醫療保健和累積財富上，女性要面對一個更艱難的環境。她們的傳統作用是生小孩，不可以參與公共生活各方面有意義的活動。這也是個在亞洲早婚率最高的國家，根據二〇〇四年聯合國的一份報告估計，大約有一半的女孩在十五歲到十九歲之間結婚、離婚或喪偶。

在這樣的背景下，是什麼讓阿比德對女孩和婦女爭取權利產生如此的激情？「第一個浮現在我腦海中的是想到我母親的慈悲，」他對達賴喇嘛解釋：「她的思維模式和孟加拉大多數的女人不同。當有人生病了，你會送藥。而我的母親不僅會送藥，她還會給煤油，讓生病的人有光可以照亮，感覺舒適。她會考慮所有的細節，包括人們承受的無數屈辱苦楚，然後想辦法盡量給予幫助。她給我的影響無遠弗屆。因為有了她，所以這些年來我努力不懈的扶貧，特別是在增強婦女的力量方面，以作為變革的推動者。」

「我媽媽也很有愛心。」達賴喇嘛回答：「基本上她沒有受過教育，是個農民。她不僅善待自己孩子，也善待其他生活非常困苦的人。有一次中國發生了飢荒，上千名窮人來到我們的村子，還有許多乞丐。母親把家裡所有東西都給了他們，主要是食物、麵包這些東西。她非常好心。我幾乎從來沒有見過她生氣，她總是十分平靜。」

孟加拉鄉村發展委員會的企業規模令人難以置信。在二〇一〇年，它被公認為是世界上最大的非官方發展組織。自一九七二年草創以來，已成立小額信貸的商業銀行、互聯網服務供應商及一所大學，另外還有九十間診所和超過兩千家周產期照護中心，在全國各地提供醫療保健服務。它也發展乳製品業，只是為了幫助那些無法將自己的牛賣到好價錢的農民，現在已是全國第二大的企業。它還成立了雞隻孵化場以供應窮人所需，目前一個月會孵出二百萬隻小雞。

孟加拉鄉村發展委員會所做的這一切都沒有過度依賴外資捐助者，不像世界上許多非官方組織和其他非營利部門往往會仰賴外援。它們每年所編列的五億美元預算，大約百分之八十是來自委員會內部。如今，阿比德致力於在組織中培養一種「做得到」的文化，效率是他的口號之一。孟加拉鄉村發展委員會是以企業的形態在運作，無論是降低死亡率或增加學生就讀人數，都有要達成的目標。

阿比德也喜歡讓人注意到他所說的孟加拉性格，這是孟加拉鄉村發展委員會文化的重要元素。「不論我們所面臨什麼樣的問題，我們總是很有彈性，容易適應並加以調整。我們一直在成長，從來沒有被打敗。我們將努力爭取，直到達成目標。」

我看得出來，對於阿比德在發展中國家工作的規模及效率，讓達賴喇嘛留下深刻的印象。他自己的生活疲於奔命，擁有多重責任，包括關心西藏人民的福祉、進行忙碌的安排行程，以及經常宣揚佛法。此外，他還要騰出寶貴的時間專注於自己的修行上。在西方，他以推廣慈悲心聞名於世，並致力培養所謂「心的教育」。他龐大的西方觀眾總是希望聽到他們最為關注的話題：如何應對壓力，如何過有意義的生活，而且，最重要的是怎樣才能快樂。

但我知道，他的心本能地會朝向那些嘗試在金字塔底部生存的人。我不知道，在漆黑的夜晚，他是否曾經夢想過擺脫辦公室的羈絆，赤腳踏入貧民窟，站在第一線救助一貧如洗的人。他有沒有考慮過扮演另一位泰瑞莎修女？

達賴喇嘛並不是經常會遇到像阿比德這樣，其志願任務僅僅是為了改善人們生活的人。「我是一個佛家和尚，研究佛教哲學，也努力實踐到一定的程度，至少我希望如此。」達賴喇嘛對阿比德說：「因此，對於我自己的領域、我所知道一些東西，我有某種程度的自信，那就是情緒，還有動機，這可能是我的專長。除此之外，我其他的知識和經驗是零。

「而你是真正致力於行動的實踐者，我很佩服，也很欣賞，特別是你創辦的機構，當你解釋你的工作時，真的給了我某種信心。如果你幫助人們一起工作，他們的生活的確可以獲得改變。」

在進行並精鍊此種全方位的運作方式後，阿比德和孟加拉鄉村發展委員會開始在其他國家複製此模式。「在過去的七年裡，我們已經開始到其他國家發展，」阿比德告訴達賴喇嘛：「我們到阿富汗、巴基斯坦、斯里蘭卡，也到非洲五國，最近我們還去了海地。我發現，世上窮人的夢或多或少都一樣。我們在孟加拉所做的事跟在非洲一樣有效。」目前，孟加拉鄉村發展委員會的工作項目在十個國家中，對最窮的一億三千八百萬人有直接的影響。《經濟學人》稱：「孟加拉鄉村發展委員會是世上規模最大、增長最快的非官方組織——而且也最像企業化的經營」。而且，令人驚訝地，或許它也是最不為人所知的組織。

達賴喇嘛發現最引人注目的，是他們不只是想在孟加拉有實質上的貢獻，而且還要將這個概念引進其他國家。「不僅幫助自己的國家，也將經驗推展到其他困苦的地區，」他對阿比德說；「我認為這是一種進步，我真的很感激。而且，我覺得，這樣也更容易具有偉大的願景。但真正一步步落實時，會涉及很多複雜的因素，那並不容易。所以，我很佩服你的工作。

「還有一件事。你可以與其他組織更密切合作，利用現代化技術促進更多的合作。你的組織有經驗，知道如何做才有效率。你可以教導其他的組織，但不應該是重複使用同一種模式。而且，我覺得兩、三個組織間應不斷互相交流意見和經驗，等彼此發現新思路、新方法後再一起合作。」

次日，在面對記者的採訪時，記者問達賴喇嘛在溫哥華的所見所聞。他回答說：「有一件事我想與大家分享。我一直很佩服非官方組織，我覺得他們很真誠、很敬業。就實踐層面而言，這種態度與思想是很不錯的。

「昨天，在我們的會議上，有位來自孟加拉的紳士讓我印象非常深刻。他建立了一個小小的非官方組織，然後逐漸擴大為全國性組織。不僅如此，他還把專業知識及經驗推廣到其他國家。太好了，真是太好了。一個人發起的單一事件，最終會影響到千百萬人，這是非常好的事。這就是我所學到的。」

在索韋托的老師

達賴喇嘛的聽眾，大多數是受過教育、中產階級的西方白種人。他經常告訴他們，要開發自己的智慧，但也堅信這必須以心的教育來做全面性的補充，並將正念的觀念、情緒和社交能力納入學習的範疇。他認為，這些技能可以帶給我們自信心、成功的人生和真正的幸福。

世界上最大非官方組織的孟加拉鄉村發展委員會創始者阿比德，以及同為該組織創始人，並身兼美國分部總裁的蘇珊．戴維斯，他們在參與二○○九年於溫哥華舉行的和平高峰會時，與達賴喇嘛會談時聽到了上述的這段訊息。

這個與教育工作者有關的會議，讓孟加拉鄉村發展委員會感受到強烈的震撼。在與會期間，他們充份接觸到培養年輕人在情緒和社交上全人發展的好處之最新研究，尤其對英屬哥倫比亞大學金伯莉．史谷內特瑞秋所做的研究，更留下深刻的印象。在他們離開溫哥華回達卡時，在心底都留下了「喔！原來如此！」的感受。

心的教育是達賴喇嘛的想法。在二○○六年他們第一次見面時，達賴喇嘛把這個想法深植在金伯莉．史谷內特瑞秋的心中。現在他談話所產生的連鎖反應正要跨越世界，朝孟加拉各地發展開來。

我認識蘇珊．戴維斯已經很多年了。我們在牛津、紐約市、舊金山和華盛頓特區一起參加過一些有關於發展議題的會議。她給我的印象是一位卓越非凡的創業女性，非常善良。從哈佛和牛津畢業後，她決定一生致力於幫助發展中國家的窮人。

「促進和平是我在孟加拉鄉村發展委員會工作中非常重要的部分。」戴維斯告訴我：「我們工作的很多地方正處在戰爭中，或是之前曾處於戰爭狀態。我這才明白，要創造和平的文化，至關重要的是最弱勢的兒童也要能明白如何應對挫折、屈辱和憤怒。孟加拉鄉村發展委員會一直著重於閱讀、寫作和算術的基本技能，但是從現在起，我們也將著眼於在社會和情緒的核心競爭力上，像情緒管理和人際關係技巧。而這都要歸功於達賴喇嘛。我們需要關注心的教育，這件事必須與思想教育和雙手教育齊頭並進，我認為這是孟加拉鄉村發展委員會正在進行的最重要事務。」

在溫哥華和平高峰會之後，阿比德和戴維斯聘請了著名的美國教育顧問，以了解孟加拉鄉村發展委員會在孟加拉所建立三萬七千所學校中的兒童，其社交能力和情緒智能如何。他們想知道，這些孩子是否能理解自己的情緒，如悲傷、憤怒和快樂。在社交環境中，他們是否能夠從言語和情境中提供的線索得知他人的感受。阿比德和戴維斯也想知道，在遇到麻煩時，孩子們在接受成人的幫助時是否會覺得自在。顧問們認為大部分孩子是有自信可以這麼做的，但約有四分之一的孩子仍然有一段很長的路要走。

經過初步評估後，阿比德和戴維斯召開了全系統重要負責人的研討會，以培訓孟加拉鄉村發展委員會的教師。根據會議所做出的結論，孟加拉鄉村發展委員會的教學課程進行了修改，其中包括在社交和情緒等各方面的學習。

但阿比德並不想就此自滿。他認為，如果社交能力和情緒智能已被證明是如此有效和重要，為什麼要受限於教育？他想把社交能力和情緒智能融入孟加拉鄉村發展委員會的龐大體系內，如此，卓越的洞見和有益的人際關係將使十二萬五千名員工受益——這是項雄心勃勃的任務。「阿比德和我一直都深受達賴喇嘛的啟發。」戴維斯說：「他要大家用更好的辦法將慈悲轉化成行動。我們受到他的感召，嘗試這樣做，並估算有多少人會受到影響。數據顯示，我們共接觸了一億三千八百萬個人：他們的集體淨資產增加百分之五十，他們的儲蓄增加了一倍，而且衛生廁所的使用率從百分之九增加到百分之二十七。他們的生活確實比以前更改善。

「但是在溫哥華聽了達賴喇嘛的一席話，我們開始擔心這種評估的品質。我們需要檢驗更進一步的指標，以衡量人們是否真正被賦予能力，他就是能否體察到個人力量和內心幸福感所產生的影響。我們相信，心靈的教育是很重要的。」

我很驚訝也很欣慰的，是像孟加拉鄉村發展委員會這樣一個龐大的全球性組織，竟能致力於擁抱一個像心的教育這種剛根植於西方的「邊緣化」想法。當代的關鍵思想家，如丹尼爾・高曼（Daniel Goleman）和卡巴金（Jon Kabat-Zinn），對這個問題已經談論了數年。現在這項運動正聚集了重要慈善家的能量，包括彼得・巴菲特、eBay的皮耶和潘・歐米亞，俄亥俄州的美國國會議員提姆・萊恩（Tim Ryan），都開始熱切主張這樣的概念。他們共同的願景會讓正念、社交能力和情緒智能成為學習的焦點，最終進入到北美的每間教室裡。但孟加拉鄉村發展委員會？孟加拉？有可能嗎？

對於熟悉已開發世界的人來說，他們可能並不會覺得驚奇。過去幾十年來，孟加拉已經贏得了「由社會所改造而成的矽谷」這樣的美名。這裡是兩個全球明星級人物——阿比德和穆罕默德・尤納斯的家。尤納斯是諾貝爾和平獎得主和格拉明鄉村銀行的創始人，也是小額信貸的先驅。全世界都已經看到，它創立了一些最大膽、最有效的方法來紓解貧困。

儘管孟加拉鄉村發展委員會的規模和影響力令人驚嘆，然而，在已開發世界，這仍然是個不為人知的最高機密。戴維斯沮喪地告訴我：「當芭芭拉．華特絲（Barbara Walters）聽說孟加拉鄉村發展委員會的狀況時，她說：『這不可能是真的。如果我從來沒聽說過孟加拉鄉村發展委員會，就不可能是真的。』」

但我毫不懷疑，孟加拉鄉村發展委員會以心靈的教育為目標一事，將會帶來深遠的影響。我可以想像，這十二萬五千名勤奮工作者所熟知的社交能力與情緒智能的技巧，將會對在亞洲和非洲數以百萬計的弱勢族群產生如何深遠的影響。

☙

在二〇一一年德里的一次私人聚會上，達賴喇嘛再度跟阿比德和戴維斯談起心的教育。這一次，他的重點是放在培養窮人自信心的重要性上，以及這將如何有助於他們的社區繁榮發展。

「每當我遇到一些窮人時，我就會想，幫助他們擁有自信是非常重要的。」達賴喇嘛說：「他們經常感到沮喪，他們的挫折有時會轉變成憤怒，所以這是不好的。更多的自信能幫助他們更努力工作，獲得更成功的社會地位、更成功的家庭。我們要先對他們表示尊敬，然後再給予幫助。」

他筆挺地坐在椅子上，下巴朝前，抬頭望著天花板。「所謂的幫助，不是看起來像這樣的。」他邊說邊模仿著過度自滿自負者所表現的傲慢態度。「他們同樣也是人，所以我們必須加以尊重。眾生平等，他們和我們是一樣的。如此，這些人會更有熱情，更願意學習、受訓，並努力工作，然後成功就會來敲門了。自卑感就是這個問題的最大根源。」

他沉默了很長一段時間，然後他的臉龐一亮，想到了一個故事說道：「哦！有一個例子，那是在南非索韋托。有一次我去那裡參觀，請人幫我安排訪問，我想看看在索韋托的普通家庭。然後他們做了安排。當我與母親和幾個孩子一起說話時，另一個親戚來了，他是個老師。我告訴他：現在你們已經在紙上實現了民主，但在心靈、精神層面，則需要較長的時間來改造，以實現真正的平等。然後，那位老師這麼告訴我……」——達賴喇嘛壓低聲音，以詭異的耳語說道：「他認為非洲土著的大腦有點低等。」

他又停頓了一下，臉上出現憂鬱的神情。

「我真的感到非常非常難過。」他說：「我跟他爭論說這絕對是錯誤的。我做了一些比較：我們西藏人的狀況也相近，有時會出現一些強硬派的中國漢人，他們相信西藏人民在退步。所以我提到，只要我們擁有同樣的機會，我們也會與大家旗鼓相當。我們有在本質上和科學上相同的大腦，我們也有相同的能力，同樣的潛力。那位老師最後長嘆一聲，但我不知道……」

達賴喇嘛不確定「長嘆一聲」這樣說是否正確。他跟大家確認一下是否每個人都了解他的意思，然後他大聲吐氣道：「就是『唉……』這樣的意思。然後，老師再對我耳語道：現在他明白我說的，我們都是同樣的人，有同樣的潛力，是什麼意思了。那一刻，我感到莫大的安慰。」

講完這個故事，想到自己努力的成果，達賴喇嘛由衷滿意之情溢於言表。

「至少有一個人的想法變了，」他繼續說：「那就是我們所需要的。有時，我會遇到一些窮人，他們感到沮喪，覺得自己可以做的不多。對於這些人，我們不僅需要教育他們，還要向他們展現我們的尊重、真誠的關懷，我們都是平等的，這就是我的感覺。除此之外，我並不瞭解其他的事，這是我個人一點小小的經驗，是我在南非遇到印象非常深刻的事。對於那個有兩個或三個孩子的家庭，我給了他們一些資助。直到現在，他們仍會向我要些錢以提供孩子接受進一步的教育，所以我會再給他們。」他開懷大笑。他想到居然會有人向他要錢而覺得好笑，因為一個西藏和尚根本不會知道他自己到底有多少錢。

聽完這個故事，有兩件事給我留下了深刻印象。達賴喇嘛周遊世界各地，經常面對大批觀眾演講，安全問題以及大型活動必要的保護策略讓他往往無法與街上的行人互動。於是，當他有機會在索韋托與普通人一樣的貧困家庭面對面坐下來時，他發現這特別有意義。達賴喇嘛會盡量擴大這種會面的影響範圍，以便藉由他個人的介入，來改善他們的生活。在索韋托一個不起眼的家庭中所產生的變革時刻，會永遠留在達賴喇嘛心中，而他也會經常傳誦這個故事。

我聽達賴喇嘛談心靈的教育已經有很多次，主要是在西方國家。他提醒聽眾，不要把全部精力只放在多拿幾個學位和累積財富這些事情上。他希望他們能善用自己的能力做正確的事，以及培養「溫暖的心」。這個訊息肯定已經散布在北美和歐洲這些富饒的國家之中。但對我而言，這個訊息也在發展中國家起了變化，尤其是在被戰爭蹂躪的國家，那裡的人們一直生活在殘酷的貧窮、暴力、自卑自賤、無所信賴之中。

在南非，達賴喇嘛設法在一個家庭中多接觸到幾個人。他很滿足地知道自己能支持他們、強化他們的自信心，激起他們的熱情，去做一些對他們的生活有意義的事情。達賴喇嘛毫不懷疑，心的教育是一個放諸四海皆準的美好訊息。

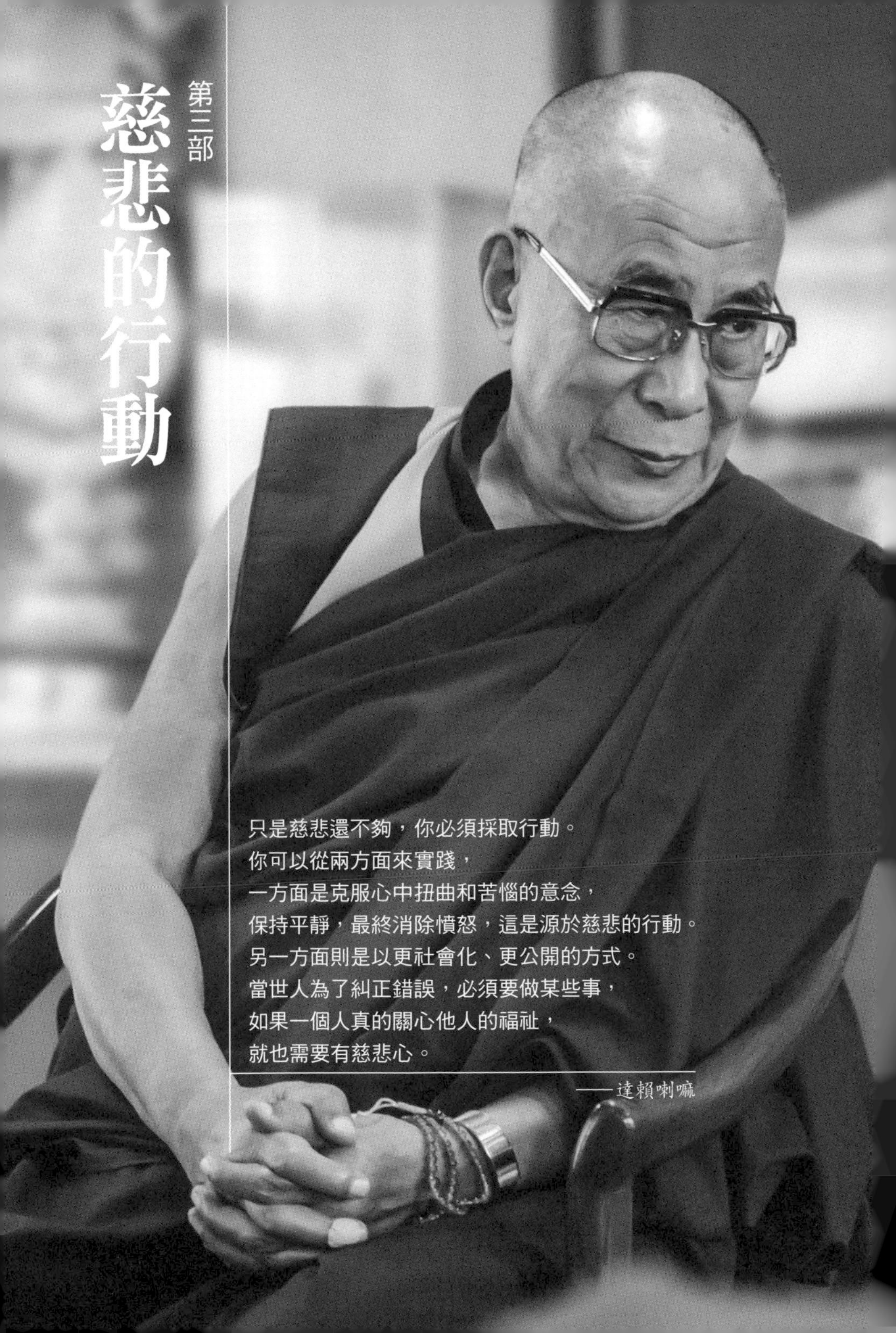

第三部

慈悲的行動

只是慈悲還不夠，你必須採取行動。
你可以從兩方面來實踐，
一方面是克服心中扭曲和苦惱的意念，
保持平靜，最終消除憤怒，這是源於慈悲的行動。
另一方面則是以更社會化、更公開的方式。
當世人為了糾正錯誤，必須要做某些事，
如果一個人真的關心他人的福祉，
就也需要有慈悲心。

——達賴喇嘛

在機器裡的僧侶

二〇〇一年，在威斯康辛大學麥迪遜分校，達賴喇嘛輕鬆但認真地站在凱克生物影像實驗室。他握拳的雙手背在身體後方，頭微微偏向一側。當理查・戴維森教授鉅細靡遺地向他告訴有關最先進的大腦影像時，他聽得很認真。對於一個過去七十年來都沉浸在追求靈性，從沒上過初級生物學的人來說，面對一堆電腦所顯示的閃爍畫面，要搞清楚前因後果確屬不易。

然而，達賴喇嘛衷心相信佛教和科學之間有許多共同之處。儘管是從不同的角度出發，但二者皆盡可能準確地尋求對實相的解釋。達賴喇嘛一直都非常欽佩科學方法，他曾表示，如果科學能夠證明他長期抱持的佛教信念是錯誤的話，他會毫不猶豫地捨棄它們。

戴維森指著一台電腦上所顯現幾個五顏六色的脈衝圖形。「這個人的大腦顯示他在看快樂的嬰兒照片和微笑的人。你可以看到，被稱為左側大腦前額葉皮層的地方，就在這裡，出現很多活動。當人們回報說，他們心情很好、精力充沛時，這個區域的燈就會亮起來。基本上他們是快樂的。」他指著自己大約左額頭的位置說道。

「但精力充沛也可能是負面的。」達賴喇嘛說。

「沒錯。這也是我們希望你能在我們的研究中，能幫助我們想通的其中一個問題。」戴維森回答。

他們倆穿過一大群科學家、研究生及六個扛著沉重專業攝影器材的男人往前走。架空安裝的一批小型麥克風在他們頭頂上方縱橫交錯著，他們緩慢而彆扭地走著。國務院指派保護達賴喇嘛的安全警衛在這樣一個陌生的高科技環境中，也樂得清閒，保持低調。戴維森與達賴喇嘛不太注意周圍的人群，他們非常專注於彼此的談話。

戴維森名列《時代雜誌》二〇〇六年百位最具影響力的人士之一。他領著達賴喇嘛到實驗室的另一區，那裡的一面牆上有個大窗戶，望出去可以看到一個房間，裡面擺了一台大如坦克的功能性磁振造影（fMRI）機器，電腦畫面產生豐富多彩的大腦影像。有個女人正躺在管狀的掃描區裡。

戴維森說：「閣下，讓我們告訴你，我們是如何使用功能性磁振造影來研究大腦的功能。我們尋找由物理變化而產生的神經迴路運動。我們會要求克麗斯點點手指，這樣在螢幕上可以看到控制手運動的大腦部位所產生的變化。」

功能性磁振造影啟動了，發出響亮而刺耳的撞擊聲。戴維森的助理透過麥克風指揮著說：「克麗斯，動一下手指。」戴維森把達賴喇嘛輕輕拉近顯示器。透過他們之間的縫隙，我看到清楚的顏色點狀物出現在橢圓形區域，也就是電腦上顯現的大腦輪廓處。一分鐘左右後，助理讓克麗斯停止動作，點狀物消退了。

這時，達賴喇嘛的提問讓戴維森感到驚訝了。這位西藏精神領袖想知道，如果克麗斯不要真正移動手指，而是用大腦去想的話，會是什麼狀態。神經科學家與同事討論了一下，並在實驗設定上做了些必要的修改。

「我們現在要克麗斯純粹只在心中點點手指，」他對達賴喇嘛說：「然後看看能否看到她的大腦產生類似的變化。這純粹只是個實驗。」

他的助手又對麥克風開口了：「克麗斯，我們將開始進行下一個示範。你還好吧？」

「我很好。」克麗斯說。

「指令相同。我說『點一點手指』，你就想像那麼做。當我說『停』，你就停止。」

果然，克麗斯在腦海中點點手指時，螢幕上又出現彩色斑點。但我注意到現在數量更多，也更均勻分佈在橢圓圖形內。

「閣下，」戴維森很滿意這個結果，他說：「這是第一次我們能夠看到大腦在虛幻的想像中所產生的變化。」

「不過，是先有了想法，然後才發生變化的嗎？」達賴喇嘛想瞭解。

戴維森回答：「這是個重要的問題。但我們目前的技術還不夠精確到能回答你的問題。之所以會產生幾秒鐘的延遲，主要是因為血液流動需要時間。所以當思想開始後，我們只能夠看到腦部的變化。」

美國科學家和西藏僧侶之間的對話輕鬆愉快。戴維森後來告訴我，他對達賴喇嘛的好奇和善於分析，留下了深刻印象。

達賴喇嘛一直擁有敏銳的科學頭腦。他還年輕的時候，經常想要修好夏宮的發電機，那部機器常常壞掉，他因此知道什麼叫內燃機。而當發電機接通時，他也發現磁場是如何形成的。

當時，在整個拉薩只有三部汽車。這些車子全被拆解開來，讓搬運工人扛在背上，翻山越嶺抵達拉薩後再重新組裝。有兩台是一九七二年的奧斯汀，一輛是藍色，另一輛是紅黃色，還有一輛是一九三一年大型的橙色道奇。從十三世達賴喇嘛去世後，這些車就沒再使用過，並已嚴重生鏽。年輕的達賴喇嘛在一個曾經到印度受訓當過司機的藏族青年幫助下，讓其中兩台車重新啟動。對這位西藏和尚兼佛教科學家而言，那是非常令人激動興奮的時刻。

一九九二年，達賴喇嘛和戴維森在印度達蘭薩拉初次見面。在一九六〇年代，戴維森還是研究生時，已經對靜坐冥想十分著迷，並曾到印度的靈修中心。戴維森告訴我，第一次跟達賴喇嘛會面時，他的心情好像是在搭雲霄飛車一樣，不知道為什麼，當他走進晉謁廳時感到焦慮異常。

「當時我非常緊張，幾乎就像是恐慌症發作了。」戴維森說道。我簡直不敢相信他所說的。我已經認識他十多年了，他是我見過最有自信的人之一，而他的超級學術研究成果絕對也給予他這樣的信心。

「我不知道我要對達賴喇嘛說什麼。」戴維森告訴我：「我也開始懷疑自己，為什麼我在這裡？我是誰，竟然要浪費他的時間？但當我來到他面前，十五秒內所有的焦慮都盡散。我感應並敬畏他非凡的慈悲力量，從極度的焦慮變成絕對的安心。事情就是這樣發生的。」他彈了一下手指。

達賴喇嘛知道他的客人是位著名的心理學家和腦科學家。他向對方提出挑戰，要對方運用自己的技能去研究積極正向的特質，如善良和慈悲心，就像他研究憂鬱、焦慮和恐懼一樣。

一九九二年那一天，戴維森徹底改變了。他對達賴喇嘛和自己立下了一個鄭重的承諾：他會竭盡全力，將慈悲心加入科學研究計畫之列。

十九年後，在參觀過凱克實驗室之後的某一天，戴維森為達賴喇嘛介紹了幾個小時前剛完成的一項研究。「我們非常想了解在表現慈悲時，大腦是如何運作的。那樣也許更能幫助我們研究如何活化大腦的這些部位，以培養慈悲心。」他說。

達賴喇嘛聽完立刻說道：「打一針。這是最簡單的方法。」

戴維森和身邊所有的人都哄堂大笑。

「我們已經了解到，精神的訓練可以改變大腦，要產生永久性的變化，這可能是最有效的方法。」戴維森繼續著他的思路說道：「閣下，在您抵達麥迪遜分校的前一天，我們掃描了您的法語翻譯員馬修・里卡德（Matthieu Ricard）的大腦。我的學生和工作人員幾乎徹夜未眠，拼命分析他的資料數據，以便今天我可以向您報告。」

戴維森開始將幻燈片投影到大螢幕上。一個中年西方人穿著西藏僧侶的紅褐色長袍，面朝下趴在金屬輪床上。馬修．里卡德，這位暢銷書作家和藏傳佛教的長期門徒，將被送入最先進的功能性磁振造影掃描器的溝槽。里卡德朝天花板伸出雙手，好像想要阻止自己被推進黑暗的無底洞。

達賴喇嘛在扶手椅上坐成蓮花坐姿，旁邊坐著戴維森。他伸起手臂模仿恐慌的里卡德，然後對自己的嘻鬧笑得樂不可支。

下一張幻燈片，里卡德坐在輪床上，對著站在一旁的戴維森燦爛地微笑著。「馬修在大腦掃描器待了三個多小時，我們從來沒看過有誰出來時還能帶著那樣的微笑。」戴維森報告著。

達賴喇嘛說了幾句藏語。他在蒙特利爾的翻譯土登錦帕，以英文向大家說明：「尊者說，這大概一半可以歸因於他是法國人。因為文化上的不同——非常先進的文化發揮了一定的作用。」說到這裡，錦帕失控大笑，盯著他那位老朋友直瞧。里卡德正微笑地坐在他對面。

第三張幻燈片，對這位法國和尚做了不同的研究。他的禿頭及臉的上半部覆蓋著東西，看起來像是一頂厚厚的網格狀浴帽。鑲嵌在網格上的是數百種電極，就像是一堆小型捲髮器。

達賴喇嘛被里卡德這些不尋常的圖像迷住了，他開始歡鬧起來，笑到肩膀上下搖動不已。他認識這個法國人已經幾十年，這是他非常喜歡的一位和尚，又因為對方是位認真的實踐家，故而也對之十分敬重。

戴維森解釋說，包圍里卡德頭皮的二百五十六個電極的網絡被連接到一堆電腦上，每個電極可測量從大腦微小細縫中所產生的極微弱電爆發。這是使用複雜的三角技術，電極能提供一張詳細的立體圖片，以顯示里卡德的大腦在不同情況下的狀態。在二〇〇一年那時，全世界只有三、四個實驗室能如此精準測量大腦定位所產生的電脈衝強度。

「閣下，您也知道，我們持續研究慈悲已經有一段時間了。」戴維森對達賴喇嘛解說道，坐在椅子上的達賴喇嘛正輕輕地左右晃動，這是他的習慣。「這些年來，您一直談到在日常生活中慈悲的重要性，但西方科學界卻幾乎從來沒有對此做過研究。在我們的實驗室裡，我們要馬修冥想慈悲，將他的數據與其他一般人做比較，我們想看看馬修的大腦發生了什麼變化。就在今天午餐前，我的一個博士後學生給我一份數據，他幾乎整晚熬夜來分析這些數據。下一張幻燈片將告訴您其中一個重要的發現。」

幻燈片上呈現了一個簡單的圖形。垂直和横向座標上的許多數據點都連接在一起，形成了代表讀數的山脈狀輪廓，這是一百五十位大學生透過相同的大腦掃描器所收集到的數據。在山的左邊，靠近座標底線的交叉處，有顆單獨的點，那是屬於里卡德的。

在這項研究中，戴維森特別感興趣的是被稱為「伽馬」的射線，這是在左側大腦前額葉皮層所產生的信號。他的研究證明，若伽馬輸出功率高，會使幸福感加劇，會產生大量伽馬射線的人也往往是快樂和樂觀的。大部分一百五十名學生的伽馬射線聚集在山的中心區域，他們的情緒狀態在大部分時間是中性的，既不太高興，也不太鬱悶。沿著山的左側下跌的讀數顯示，表示這樣的人往往對生活樂觀進取，而在右側下垂的讀數表示那個人傾向沮喪憂鬱。

然而，里卡德的數據，幾乎脫離了圖形。他的離群數據顯示，喜悅和滿足滲透他的整個意識。當他冥想慈悲時，整個人就進入興奮狀態。理查德解釋說：「這種慈悲不需要儀式，也不會把任何人排除在外。當愛產生時，只需讓心靈沉浸其中即可。你將專注於期望眾生都免於苦痛。」

興奮的戴維森對達賴喇嘛說：「這些都是專注於慈悲時大腦的活動狀態，這也是我們收集到的第一批數據。」

達賴喇嘛離開麥迪遜之後回到印度，戴維森則繼續研究慈悲冥想和大腦功能之間的關係，尤其是我們的心智歷程——思想、情感、冥想，是如何改變大腦的生理結構和功能。在達賴喇嘛和里卡德的幫助下，他邀請了八位藏傳佛教僧侶參觀凱克實驗室。當他們冥想著慈悲時，戴維森掃描他們的大腦。每隔一段時間，他也播放人類痛苦的強烈聲音，如女人尖叫或嬰兒無助的啼哭聲，讓受試者聽。

僧侶們一生平均打坐三萬四千個小時，其中一些人甚至已經打坐多達六萬四千小時，而且每個人都至少完成過一個為期三年的閉關過程。戴維森招募了十名學生，給他們一個速成班冥想訓練，以作為對照組。

結果十分驚人。大多數冥想中的僧侶在左側大腦前額葉皮層出現非常大量的伽馬射線

——這顯示他們正感受強烈的幸福，這些信號比那些學生所產生的強三十倍。根據戴維森的說法，有些冥想時數最多的僧侶，更表現出增加了「以前從未在神經科學報導過的強度。」

看到這些結果後，戴維森興奮地期望經過心理訓練的誘導，腦部結構也可以產生變化。而且，我們可以刻意培養正面的特質，如同理心和善良。他的想法是就如同去健身房就能鍛鍊心血管系統一樣，規律的心靈訓練則可以培養更深層的慈悲狀態，而且還可以有效驅除焦慮和憂鬱的情緒。

☙

達賴喇嘛一定會很高興看到這些結果。在經過七十多年（現在仍然在繼續中）的心靈訓練後，他已經獲得一個簡單的啟示：要真正對生活感到知足，利他主義是最可靠、最有效的方式。關於這一點，他並非運用智力，而是透過心靈的力量來加以實踐。

為什麼達賴喇嘛經常會找傑出科學共同合作，有一個很好的理由。他知道，簡單的冥想技巧對我們有好處。他認為，冥想能有系統地提高我們的慈悲心和滿足感，並能有效減少精神痛苦。達賴喇嘛曾希望有一天科學界會驗證此一認知，現在有了神經系統的證據，在理查・戴維森的實驗室和日益增多的心理研究中，就證實了冥想的寶貴作用。科學已經證實，擁有越多的利他精神，就會讓我們越感幸福。

這些研究出現如此戲劇化的結果，並非是根據早期的研究資料而來，因此完全出乎大家的意料。而戴維森也被這個發現嚇了一跳。雖然在掃描器中的僧侶們完全處於慈悲冥想過程中，但他們大腦的運動皮層和基底的運動區神經節卻異常活躍地進行著。這些區域直接連接到行動，而且這些行動往往是自發性的。研究小組最初認為，這項發現可能是由於儀器的噪音所偽造的影像。但他們微調過掃描器後，仍然發現同樣令人費解的結果。

但僧侶們對這樣的結果並不驚訝。馬修里卡德對戴維森說，這些研究與他認為的慈悲的特質是一致的。在冥想慈悲時，會觸發大腦採取行動，讓思想加速行動，只要有痛苦的情況產生就會前往援助。這種思想的過程被證明是快速且自動的，不管是存在於自身或是他人之間的障礙會全被消除。充滿慈悲心的人，不論是經過後天訓練或自然生成，都像與生俱來就有此天性一般，會想要幫助那些身陷沮喪的人。邏輯和一般常識都難以解釋下列這樣的舉動：韋斯利・奧特里（Wesley Autrey）不由自主地跳下紐約市地鐵軌道，躺在一個心臟病發的陌生人身體上方，在一列火車經過時救了他一命。

我經常在想，為什麼像達賴喇嘛這樣的僧侶會如此熱衷參與科學。近三十年，他與各類型科學家進行經常性和定期的對話，包括物理學家、心理學家、遺傳學家、神經科學家等。這種科學和佛教的相互交流好像是一種緣份。科學更進一步證實，就像戴維森實驗室所做的那些實驗，驗證了我們這個存在已有二千五百年悠久歷史的人類肉體，是有辦法自己根除痛苦之源的。現今，我們極度重視科學，尤其是那些可能對我們的身心健康有影響的研究結果。達賴喇嘛最欣慰的，是科學已經充分證明他最主要的世界觀——慈悲和行動之間的緊密關連，二者能共同幫助我們達到真正的快樂幸福和有意義的生活。

來自杜恩中學的男孩

當社會活動家兼教育家善吉塔「邦克」羅伊（Sanjit "Bunker" Roy）坐下來與達賴喇嘛第一次會面時，他做了個告解：「閣下，我在印度受過非常勢利、精英且昂貴的教育。我上的是杜恩中學。」

那時，他們是在蘇黎世參加二〇一〇年的「經濟系統中的利他主義與慈悲心」會議，主辦單位是心靈與生命學院。羅伊，一個六十多歲，滿頭銀髮的印度人，穿著典型的栗色庫塔裝——及膝開領衫和白色棉質長褲。我想也許他故意利用服裝的顏色與達賴喇嘛的長袍相呼應。羅伊高貴的外表與我多年來在印度見過的這類人沒什麼差別：都受過良好的教育，是富裕的中產階級。除了一個小細節之外：他的兩隻手腕上都戴著手錶。

「我還很年輕時，你曾跟著班禪喇嘛來過杜恩。」羅伊告訴達賴喇嘛。杜恩中學，是仿照英國伊頓公學和哈羅學校，為印度商界和權力精英的首選學校。

「是的，在一九五六年，」達賴喇嘛馬上回答。我毫不驚訝他還記得超過半世紀前，那次默默無聞的訪問。他的記憶力驚人，經常讓我嘆為觀止。

但達賴喇嘛也有很好的理由要記住一九五六年。那是他首次出訪印度，這個催生佛教的國度。一九五一年，毛澤東已經把注意力轉向西藏；到一九五六年，他的軍隊做了驚人的部署以進軍拉薩。達賴喇嘛趁受邀到印度慶祝佛陀二千五百年誕辰時，順便到該國朝聖。在德里，他向當時的總理賈瓦哈拉爾．尼赫魯尋求庇護。但是，尼赫魯正努力改善中印關係而拒絕了該請求。之後，達賴喇嘛帶著強烈的不祥之感返回西藏。

「閣下，您知道印度人是什麼樣子。」羅伊說。「我的家庭決定了我的未來，對於工作的各種可能性都已設定好了，不是當醫生、工程師就是外交官。後來，一九六六年比哈爾出現飢荒時，我去了那裡幫忙。」

在一九六六年夏天，也就是羅伊和達賴喇嘛首次相遇後的第十年，印度東部省分的比哈爾邦，遭遇史上最糟也是受災範圍最大的乾旱和農作物歉收。許多來自地方、世界各國及國際級的救援單位，都努力防止人們因饑荒而大量致死。

「在比哈爾邦的工作改變了我的生活。」羅伊說。「當我回到家後，我告訴媽媽，我想在鄉村生活，在那裡工作。我母親聽完就昏倒了……。」

達賴喇嘛不明白他的意思，他的翻譯土登錦帕解釋了一下。然後，他彎下腰，解開鞋帶，脫下鞋子，在扶手椅上盤腿坐成蓮花坐。他很自得其樂，想越舒適越好。

羅伊繼續說：「當我母親從震驚中恢復後，她問，『你在村莊要做什麼？』我說，我想做一個挖井的工人。她聽了更火大，六個月不跟我說話，她覺得我讓家人蒙羞。在過去的四十年，我一直在一個村莊裡努力著。閣下，精英教育使我們驕傲自大、自負。它使我們覺得自己就是所有問題的答案。您知道昂貴教育真正給我們的是什麼嗎？就是它摧毀了我們。」

達賴喇嘛被這個印度人就事論事但有點挑釁意味的表達方式迷住了，同時還要努力不大聲笑出來。羅伊的另類說法讓他聽得興高采烈，但也許認為這樣做對他會有不恰當的鼓勵，所以他拼命忍著笑。

「五年來，我做著挖井這類的粗工。」羅伊繼續說道：「那是我從非常貧窮的人身上所學到最不尋常的技能、知識和智慧。它不是來自書本、來自大學，你不需要去讀它，而必須親身感受。我認為這方面的知識需要被帶入主流，於是我在一個小村莊設立赤腳學院。一個貧窮的村民告訴我，有件事情我不能做。我問，『是什麼事？』他說，『請不要讓任何有學位的人進你的學校。』因此，我們不收有博士或碩士學位的人，來這裡的必須用雙手工作，不以勞動為恥。」

抖。他們也喜歡一流的黃色笑話，至少私底下是如此。在年輕時，達賴喇嘛有個宗教助理常告訴他：「如果你能真正的開懷大笑，會很有益健康。」

笑聲平息後，邦克羅伊說：「我們接受村莊裡從沒受過任何正規教育的人，培養他們成為老師、醫生、工程師或電腦專家。有個老奶奶，她不會閱讀也不會寫字，但我們訓練她進行根管治療。」

赤腳學院已培育數百名來自發展中國家的文盲或半文盲祖母成為太陽能工程師。透過這個計畫，印度已經有六百多個村莊開始電氣化，有些還是位在只有經過長期徒步的艱苦跋涉後，才能到達的極偏遠喜馬拉雅山地區。

羅伊說：「我們去過拉達克的努布拉谷，閣下。如您所知，那裡的冬天是華氏零下四十度。」

「是的，是的，我知道，非常冷。」達賴喇嘛同意道。拉達克位於印度西北部，是個重要的藏族地區，他偶爾會去那裡，但總是在夏天去。

「我們在努布拉的一個村莊實施電氣化。」羅伊說：「我問一位藏族婦女，她認為太陽能的好處是什麼。這個女人想了想告訴我，『這是我第一次可以在冬天看到丈夫的臉。』」

太陽能發電對教育也產生了重大的影響。大多數孩子不能在早晨上學，因為他們必須照顧家畜，所以赤腳學院就使用太陽能燈在晚上上課。

「閣下，我們有一百五十所學校，七千名兒童。」羅伊說：「我們認為孩子應該了解公民權和民主，因此，在學校會舉辦選舉。我們有一個兒童議會，由孩子們自己選出總理，只要年滿十二歲就能參選。有個孩子在早上要照看二十頭山羊，但到了晚上，她則是總理。她有個內閣，負責掌控並監督自己的學校。孩子們做的每一個決定，我們都必須落實。她在二〇〇七年贏得了世界兒童獎。這個十二歲的女孩之前從未離開過她生活的村莊半步，但後來卻飛到瑞典從女王手中授頒獎項。」

達賴喇嘛深受感動。該獎項是世界上最大的年度青年教育計劃，致力於促進兒童的權利、民主、環境和全球友誼。一共有來自一百多個國家、五萬多所學校的二千四百萬名學生參與角逐。經過全球性的投票後，由七百萬兒童決定誰獲得該獎項。

「瑞典女王簡直不敢相信，這位十二歲的女孩對當時的場面一點也不驚訝。」羅伊告訴達賴喇嘛：「她要我問那位女孩總理，自信心是從何而來，於是我問了那女孩。她彷彿像是受到侮辱般，直視著女王說：『請告訴她，我可是總理。』」

達賴喇嘛對這個獎項知之甚詳。他的妹妹杰尊白瑪（Jetsun Pema）在二〇〇六年也曾獲此獎項，因為四十年來她一直在印度為西藏兒童難民們努力奮鬥。她已經拯救了無數的生命，給予成千上萬的孩子一個家庭，並帶給他們教育和希望。每年她照顧的孩子超過一萬五千名。

羅伊的赤腳學院在印度獲得空前成功。近年來，他決定走向全球化，在一些全世界最不發達的國家，如衣索匹亞和阿富汗複製這項計劃。到二〇〇六年為止，共有三十六名半文盲和文盲的村民接受培訓，並在十九個衣索匹亞的村莊完成太陽能裝置。到二〇〇八年底，阿富汗赤腳太陽能工程師已經讓一百個村莊完成電氣化。

羅伊告訴達賴喇嘛：「我去聯合國開會時告訴他們，我們之前帶了三名阿富汗婦女去印度。我買了機票，買了設備，花了六個月的時間訓練她們。她們回到家鄉後，讓五個村莊電氣化。我問聯合國官員：『你們猜猜這樣要花多少錢？』他們答不出來。我告訴他們，全部的費用，跟一個聯合國顧問坐一年喀布爾的辦公桌是一樣的。我說，這很可恥，一共有七百名顧問在那裡，卻沒有一個村莊有太陽能。」

達賴喇嘛笑了起來。

「所以，閣下，我們學到了很重要的一課，就是男性是教不會的。」羅伊說。

達賴喇嘛跟錦帕確認一下他是否聽錯了。

羅伊闡釋道：「男人不願休息，雄心勃勃，他們都希望被認可。在你給他們證書的那一刻……」

「你自己呢？」達賴喇嘛忍不住問道。

「不，閣下，我是一個失敗的案例。」

「太好了，真是太好了！」達賴喇嘛充滿感情地對羅伊說。

「從你給他們證書的那一刻起，他們就終有一天會離開村莊，到城裡去找工作。」

「是的，是的，沒錯。」

「所以，對我來說，最好的投資就是這些老阿嬤。在四十歲到五十歲之間的祖母級人物，最成熟的，也最寬容。我接觸過來自非洲各國的婦女，她們從沒去過自家村子以外的地方。我讓她們飛往印度接受培訓，不用寫，不用說，而是透過手語，訓練她們成為太陽能工程師。她們來的時候是老阿嬤，回去以後就變成老虎。所以，閣下，如果你有認識的老阿嬤能送到赤腳學院，我們會很高興的。在此，我引用甘地所說的話：『他們一開始忽視你，然後嘲笑你，接著攻擊你，最後的贏家就是你。』」

羅伊雙手合十於胸前，站起來鞠躬，他說完了。這時，達賴喇嘛鼓掌，那是一種溫柔的掌聲，將雙手輕輕拍在一起，沒有用太多的力量，也並不響亮。拍手不是他的風格，我很少見到他這樣做。

「真是太好了。」他認真地對羅伊說：「我相信，印度的真正轉型必須從農村做起，從村莊開始。你的方法很特別，我真的非常欣賞。同時，我想請你的一些文盲老師來我們難民營，我們年輕的藏人也非常渴望擁有一些證書，通常他們會去大城市找工作，這是難民營面臨的一大問題。所以，我真心想邀請你們，如果你們有空的話。」

達賴喇嘛伸出手掌朝上的雙手，側著頭，提出他的請求。

「閣下，只要您有需要，我隨時隨地願意效力。」羅伊邊燦爛地笑著說道。

「也許你能給我們的老一輩一些鼓勵，他們之中有許多人是文盲。我認為最終中國還應該學習你的方法。他們的沿海地區很發達，但內陸則非常落後。應該教他們如何發展，如何改革，而不是跟卡爾．馬克思學習。」達賴喇嘛指著羅伊大聲說道：「應該向你這位印度大師學習。真是太精彩，太好了！」

這就是典型的達賴喇嘛。羅伊創新且非凡的觀念，以及對提高窮人生活明顯奏效的方法，在在讓他折服。他非常希望能幫助藏族同胞，同時也關心中國的社會福祉，無時無刻念茲在茲，雖然大部分的中國人對他是如此無情無義。

美麗的達賴喇嘛

二〇一一年一月八日，是新德里那年最冷的一天。最高溫是華氏九度，低於正常均溫。當天至少有三個死亡案例和寒冷有關，學校也都停課了。濃霧籠罩著城市，能見度已降低到五十英尺。這是上午九點半，但看起來和晚上九點半沒什麼差別。

泰姬陵宮飯店的泰姬瑪哈大廳燈火通明，四處都掛滿了繁複異常的壁掛、厚厚的地毯，還有過多的吊燈，就如同在印度首都任何一間五星級酒店的會議室般。是很華麗沒錯，但也很平凡而單調無趣。

達賴喇嘛剛剛抵達此處，他坐在四十四位貴賓面前。這些受邀的嘉賓及其另一半來自四大洲及一個次大陸地區（譯註：面積小於洲，在地理上或政治上有某種程度獨立性的陸地。如南亞次大陸，指亞洲南部介於喜馬拉雅山脈、孟加拉灣、阿拉伯海和印度洋之間的地區）。他們是一小群執行長代表、作家、社會企業家與慈善家，他們有個共同點，就是他們傾其豐富的熱情和資源，投注於減輕極端貧困者的痛苦。他們聚集在這裡，要告訴達賴喇嘛他們所從事的工作，並希望能自他身上習得一些智慧和靈感。

會議開始時，我站在一個小舞台上，拿著麥克風告訴達賴喇嘛：「閣下，在今天的會議開始之前，我想先談談魔法。但我覺得您可能會不太喜歡我談這個話題。」

達賴喇嘛坐在我旁邊的扶手椅上，正專注地調整他的長袍，並確保翻領上的麥克風是否正確無誤地連接。他沒有看我，對我說的話毫無反應。

我接著說：「我十分確定我是第一個造訪您位在達蘭薩拉住所的長髮中國嬉皮，那是三十九年前的事了。」

房間裡響起一陣竊笑聲。

「對我來說，這是一個改變生命的經驗。」我繼續說：「在那之前，歸功於我母親的強大意志，讓我有望能成為富人和名人。但是在遇見您之後，我變得既沒有名氣也不富有。然而，我相信我的生活很充實，這多虧多年來聆聽了您的教導，也向您多所學習。所以，這就是我要說的魔法。我知道您一直堅持您並沒有特別的法力，當然也沒有魔法。嗯，以我的情況來說，我不認為這是真的。」

我喵了達賴喇嘛一眼。他坐在椅子上，猶如人面獅身像。他目不轉睛地看著眼前那群人，臉上完全沒有表情。這令人感到很不安。

我不知所措地轉身朝觀眾繼續說話，語調速度比我預期的要快多了：「在座的各位都是偉大的人道主義者，你們為極度貧困者工作。你們的動機崇高，擁有無比的熱情。當所有人都聚集在此，再加上達賴喇嘛的出席，我希望一些神奇的事、一些變革真能發生。」

房間裡感覺很冷，也許外面反常的低溫讓飯店的暖氣起不了什麼作用。達賴喇嘛仔細讓紅褐色的披肩蓋住上半身，把襯衫的金黃色翻領都遮住了。他以蓮花坐姿坐著，在座墊上優雅盤著雙腿，雙手輕放在膝蓋上。我注意到，他雙手的大拇指與食指有節奏地悄悄輕彈著。這是他正想像自己手中持有佛珠，他要有條不紊地數完這一百零八顆珠子，每數一顆就要誦唸一句經文。即使是在飯店的會議室裡，他也沒有錯過這種練習正念的機會。

「我非常高興能和為他人福祉做出貢獻的樂善好施者見面。」達賴喇嘛說著，同時上半身左右輕輕搖擺著。「我要代表那些數以百萬計的人向你們表達謝意，他們沒有太多時間去想更長遠的事情，僅能關注於日常生活的事，像是『如果現在把這塊麵包吃掉，那晚餐時我要吃什麼？』他們無法現身求助，只能日復一日過著痛苦的生活。」

他的眼睛還是看著群眾，但朝我伸出手臂說道：「他提到一些關於魔法的事。顯然因為他和我是老朋友了，自然會稱讚我，所以不要相信他說的話。」

我很慶幸他沒有責備我在大家面前用「魔法」這個詞談論他。自從我認識他以來，他一直對他一些熱心的追隨者認為他具有任何特殊法力這件事，表現出深刻的厭惡。他畢生的使命是幫助我們喚醒慈悲心，從而活出有意義的生活。他最不希望我們做的就是堅信他擁有超自然的力量，可以神奇地幫助我們解決問題。對他來說，唯一真正的「魔法」是來自於紀律、責任、智慧和利他主義。達賴喇嘛曾為膽結石問題困擾多年，幾年前，他終於有機會在新德里的醫院開刀進行治療。關於他的病，他告訴了我一些細節，然後非常滿意地說：「有些人認為我有神奇的法力。如果我有法力，那我就會用它治好膽囊的問題。所以，現在科學證明我也只是一個普通的人。」

達賴喇嘛允諾在新德里會議利用一整天時間，提供他對於莊嚴和道德權威的想法，以幫助我們專注於如何改善極度貧窮生活的這件事情上。他有這種不可思議的能力，能讓人發揮最優秀的一面。我相信，我們的道德行為和致力行善，往往會因為他親臨現場而增強了力量；對於仔細檢視並重啟自身動力一事，也將有所助益。對我來說，如何把正確的人組合在一起是個關鍵挑戰，而且還得呈現眾人的多重觀點和經驗。為了能使對談專注深入地進行，以確保彼此能有良好的溝通和合作，我盡量減少與會者人數，並且找那些能放下身段的人一起參與。

其中一名與會者是賽娜．善賓（Zainab Salbi），她是位苗條、骨架小的女性，深色的頭髮剪得極短，如果不是因為有著時尚的裝扮，很可能會被誤認為是尼姑。她穿著黑色洋裝，別緻的黑色外套，還有一條色彩鮮豔的長圍巾，在她脖子上繞了好幾圈。我向她招手，她大步走到舞台上。

「我想向您介紹我的朋友賽娜．善賓，二〇〇九年我曾邀請她參加在溫哥華舉行的會議。」我對達賴喇嘛說：「但在最後一刻，因為她要過四十歲生日，所以沒有來。」

「她是來自……？」達賴喇嘛問。

「她來自伊拉克。」我回答說。

賽娜．善賓筆直站在達賴喇嘛幾步之遙，手裡拿著筆記文件夾，她表情豐富的臉上掛著充滿期待的笑容。

「一九九三年，賽娜．善賓創辦了全國婦女會（Women for Women）慈善組織。」我說：「從那時起，她的努力便對戰爭地區的二十七萬名女性產生了影響，她花費大約九千萬美元給予直接援助和貸款，主要是針對非洲和中東地區的貧困婦女。」

在世界各地發生的衝突，造成三千五百萬人離鄉背井，其中大多數是婦女和兒童。女性往往是種族屠殺、強姦和其他駭人聽聞罪行的受害者。如果她們設法繼續生存，又要在衝突後的社會中，肩負起重建生活秩序這種吃力不討好的任務。她們是無名英雄，在緊急軍事行動、安全問題和地緣政治議題的雜音中，很少被注意到，聲音也未被聽聞。

賽娜．善賓的組織幫助婦女從戰爭的創傷中恢復，監護她們進入正常的狀態，給予她們直接援助、就業培訓、小額信貸和教育。她成長於舒適的生活和特權環境中，父親是海珊國王的專屬飛行員，她的家人經常與海珊國王的生活圈有社交互動。賽娜．善賓的母親對她影響極大，並灌輸她教育的重要性。她聽從母親的建議，背叛伊拉克社會所設定的傳統女性角色。她從來沒有學過該如何煮飯或打掃房子。

賽娜．善賓走到達賴喇嘛身邊，彎下腰，握住他的雙手一陣子，然後才在他旁邊坐下。她把右手舉到胸前，而達賴喇嘛則遵循佛家傳統，以雙手合十的姿勢向她打招呼。

「閣下，」賽娜．善賓說：「因為我在戰火中成長，而且在戰爭中的工作讓我學到，要盡可能享受生活，所以我想以舞蹈來慶祝我的四十歲生日。我相信您會明白也了解慶祝生命喜悅的必要性。」

達賴喇嘛點了點頭，拉著她的手，但沒有回話。

其實，達賴喇嘛對生日有特殊的看法。我聽過他這麼解釋自己的觀點：「通常我不認為生日很重要。在我們的傳統中，我們認為忌日更重要，我認為這是非常明智的。如果一個人一生中有良好的貢獻，那麼過逝後在某些紀念日追憶他，這是很好的。如果生日有太多慶祝活動，這個人後來就會變得消極，覺得人生不再有意義。我已經七十多歲，所以我想就算我變得消極也危害不大。身為佛教和尚，我相信每天都是新的一天，每天都是生日。我們身體的粒子隨時都在變化，隨時都會冒出新的東西。因為新的經驗與知識，讓精神思維也在改變，所以每一天都是生日。重要的是：我們應該善用新的每一天。隨著幾天、幾個月、幾十年過去，讓生命都變得有意義。如果你能幫助其他人，就要盡可能多做。如果做不到，至少不要傷害他人。這就是有意義生活的基石。」

賽娜．善賓開始告訴達賴喇嘛婦女所遭受的困境：世界上最窮的人有三分之二都是婦女，難民中的女性佔百分之八十，而且從四歲起就經常被性虐待和毒打。除了武器和毒品之外，拐賣婦女與兒童是世界上第三大非法貿易。

「然而，我們對這些事卻麻木不仁。」她目不轉睛地盯著達賴喇嘛說道：「我們對暴力及婦女所受到不公正的對待也都毫無感覺。我們不能再這樣繼續下去。我要呼籲，特別是您，閣下，幫助喚醒我們的道德責任與意識。幾個月前，當時我在伊拉克。伊拉克酋長告訴我，女人就如同折翼之鳥：只要其中一隻翅膀折斷，就永遠不能飛翔。擴大至國家或人類，也是一樣的道理。因此，我希望能創造相同的覺醒，結束奴隸制，結束種族隔離。我們需要有結束邊緣化、終結對婦孺歧視這樣的覺醒。」

達賴喇嘛調整一下翻領上的麥克風，確定它正確安裝到長袍皺褶裡，然後清了清嗓子說：「是的，這是個問題。」他凝視著地板，聲音異常低沉。他靜靜地坐著，開發中國家女性所面臨的挑戰，似乎沉重到讓他不堪負荷。他繼續說道：「我總是告訴人們，我有一定程度的慈悲心，這是在童年所培養的，實際上是自我母親那裡學來的，而不是來自我父親。我的父親和我一樣，脾氣很不好，但是我的母親非常非常親切。那不是因教育或信仰所致，而是天生的。」

達賴喇嘛將雙手擱在放在腿上的和尚包袱上。他的身體開始輕輕左右搖擺，他準備要轉換至例行性的節奏，也就是進入正念的狀態。

「僅僅靠教育是不夠的。」他說。這時他已不再看著地板，而是注視著觀眾，聲音明顯更響亮、更有力了。

他搖搖手指繼續說道：「溫暖的心和慈悲更重要。有些科學家告訴我，在察覺人們經歷痛苦時，女性的反應是比較強烈的，也就是對他人的痛苦會更敏感。因此，要增進人類的慈悲心，女性應該扮演更積極的角色。

「但是一些大男人主義者並不同意我的觀點。但我真的覺得……女性是更有慈悲心的。我認為有時『英雄』這個詞可能不是很好。英雄會毫不猶豫地殺人，大多數的這些男性英雄，是非常殘忍無情的。」

達賴喇嘛停頓了一下，陷入了沉思。「哦，有一次在巴黎，」他說著眼睛為之一亮：「一個女記者問我，未來的達賴喇嘛是否有可能是女性。我說：『哦，是的，這正是我的想法，如果女性達賴喇嘛能更有幫助，又有何不可呢？』然後我開了個小玩笑說：如果未來達賴喇嘛是女人，那麼她應該要更漂亮才行。」

所有人都哄堂大笑。然後他為自己的異教徒想法再補上一句：「這樣也能讓更多人更具熱心。」

另一位與會者魯其拉．古普塔（Ruchira Gupta），是個看起來很年輕的印度女子，她戴著厚厚的眼鏡，站起來對達賴喇嘛表示：「昨天我打電話給一位與我一起工作的女子，她住在比哈爾邦的一個小村莊裡，是個從事賣淫工作的殘存者。曾經，為了讓她女兒能繼續活下去，她得強迫自己去妓院工作。我告訴她，『我要去會見達賴喇嘛，你有什麼要我問他的？』她問道，『他是誰？』我說，『他是個佛教徒，主張不殺生，非暴力。』我認為無論從男性或女性的觀點來看，賣淫就是種對自己和他人的暴力形式，婦女能面對這樣的暴力實在令人難以置信。在印度、美國和非洲，我遇過一些倖存者，她們談到煙頭在她身上掐熄、瓶子被塞進她的陰道，還有沿著一村又一村被販賣。這位前妓女說：『問問達賴喇嘛，如何才能讓男人不那麼殘暴，要如何才能做到這一點？』」

古普塔原本是位堅毅的記者，目前主導一個全球性的活動，以制止販賣婦女的惡行。她幫助性奴隸者已有數年之久，她們被賣到印度龐大的賣淫網絡，這些人大多只有十幾歲甚至還更年輕。她們遭受到的不人道和強烈痛苦，不論是身體的創傷和疾病，吸毒導致的頭腦麻痺，還有皮條客和嫖客難以形容的暴行，都讓她深惡痛覺。她的非營利組織「婦女自救」（Apne Aap，在印度文意指「自救」），已經從原本只有少數幾位的志工，到現在發展成有一萬多名女性參加的一項計畫，她們協助受害者訓練如何自我激勵和技能培訓，讓貧困的妓女得以重生。她的紀錄片「販賣無辜者」（Selling of Innocents）也曾榮獲艾美獎。

達賴喇嘛說：「這種陳腐老舊的觀念與具侵略性的想法，跟人的體力有很大關係，而且是種認定女人天生就較軟弱的想法。人類的天性是慈悲的，但是，教育讓這個基本的天性被壓抑了，因為沒有特別在這部分花費心力，因此無法讓人得到進一步的發展。在教育方面，我們需致力使溫情與智能間取得平衡，那麼教育才會更具建設性。

「如果只提升智能，其他正面的價值觀會全部停頓，那麼當憤怒、仇恨這類負面的情緒與智能結合時，智能就會成為侵略的根源。我們要增進人們如慈悲心這樣的基本生命價值，以改變幾世紀以來對待婦女的錯誤態度。但這涉及許多因素，我們不能只用一種方法來解決一件事，所有事情都是息息相關的，這也就是為什麼許多不同專業、不同經歷的人必須共同努力。我自己是個佛家和尚，通常人們認為我是……」

達賴喇嘛暫停了一會兒。他將雙手舉到胸前，手指快速地舞動著，試著想找出合適的詞來形容自己。「諾貝爾和平獎得獎者。」他說：「因此，我以這種角色來與你分享慈悲，分享我對女性的感受。這是我的專業，但也只是限於口說而已，我並沒有付諸於行動。我們所有人都想要快樂、祥和、富有慈悲心的世界。當然女性的角色舉足輕重。但是，你也不能忽視男性，如果沒有男性就沒有家庭。」

然後他像是突然想到什麼般地放聲大笑說：「但這跟我們這些和尚沒什麼關係。」

古普塔這位意志堅定的女性，繼續之前的話題說道：「我呼籲您跟全世界領袖對談，幫助我們與這些人接觸，讓他們去告訴其他男人不要那麼殘酷暴力，也不要從事性交易。告訴他們，酷男人是不買春的。我們希望，認為賣淫是正常的、強姦一名十三歲女孩沒什麼錯的這種文化能因此而改變。」

達賴喇嘛靠回椅背上，嘆了口氣。「我認為這個全球性的難題很難光靠一個人就改變。」他平靜地對古普塔說：「在印度，種姓制度很不健康，讓男女間不平等。我公開表達過這是印度文化中過時的一部分，而這種文化跟傳統的信仰密切相關。」

他身體往前，盯著古普塔，從披肩裡伸出雙手，做了個強而有力的手勢。「因此，在印度，宗教領袖必須挺身而出，開誠布公地呼籲。我在許多場合表達過立場，我有位印度朋友也致力於改變這種文化。他告訴我，他向一些精神領袖提出建議，他們口頭上同意支持，但是，如果要他們簽署支持……」

達賴喇嘛做了個退回椅子的誇張戲劇化動作，將雙手舉到胸前，彷彿要阻止別人靠近。

細胞遺傳學實驗室聘為研究員。他在那裡工作了六年，獲得博士學位。一九六七年，李卡德的生活發生了意想不到的轉機。當時他去了印度北部的大吉嶺，遇到了幾位藏族大師，他覺得他們充分體現了何謂圓滿自足的人生。一九七二年，他放棄了遺傳學調查，搬到印度追隨這些大師學習，進而找到生命的意義和方向。他知道，要獲得持續不斷的幸福，必須要努力不懈地鍛鍊心靈。他明白內心的平靜和無私的愛是可以後天培養的。他剃了髮，把藍色牛仔褲換成紅褐色長袍，成為藏傳佛教的一名僧人。

「結果，我在喜馬拉雅山待了四十年。」他告訴我：「剛開始，我的生活很簡單、很安靜，就是冥想，而且一天只要花幾分錢就夠了。」一九七九年的某一天，一切都改變了，有位出版商朋友打電話來，問他是否願意與他的父親，也就是著名的法國哲學家尚．方思華．何維爾（Jean-Francois Revel）合著一本書，內容是和尚與哲學家在尼泊爾的十天對談，書名是《僧侶與哲學家》（*The Monk and the Philosopher*）。它立刻成為暢銷書，並被翻譯成二十一種語言。

李卡德說：「我和父親合作出書後，有個記者問我人生最大的遺憾是什麼。我說我的遺憾是在佛家修行慈悲，卻不能夠將之付諸行動。那一刻對我來說是個轉捩點。我立刻成立了一個基金會，捐出全部版稅，並開始在亞洲從事人道主義活動。現在我的生活變得更加忙碌，但我也發現持久的圓滿自足是來自於幫助別人。」

二〇一一年一月，李卡德和我共同舉辦一場會議，由一群人道主義者在德里和達賴喇嘛進行會談，主題是如何扶貧。這個倡議與他的想法不謀而合。他負責監督在西藏、尼泊爾和印度北部所進行大約四十項的衛生和教育計畫，重點是放在偏遠地區，沒有任何組織去過的地方。他的基金會一年治療十萬名患者，所創辦的學校為一萬五千名孩子提供教育。

「閣下，我聽說，大多數非官方組織在十年之內就會消失。」在新德里的飯店，李卡德對達賴喇嘛說：「為什麼？這是由於人為的失誤所致。就像機器被沙粒卡住而無法運轉。我們盡量去幫助別人，但突然一切都脫離常軌，導致腐敗、不透明化，還有自我衝突。但是對於在座的所有人來說，您的高道德標準是個強而有力的典範。我們不指望您來告訴我們該如何做，或該開始進行哪個計畫。但您此番出席提醒了我們，要常檢視自身的動機，以確保是利他的。」

對達賴喇嘛而言，動機是至關重要的。他每天早上醒來時，通常是在清晨三點半，他會用很長的時間來「修正自己的動機」。雖然他已經七十多歲，積累了無數個小時的修行，但他仍時時警惕避免不專心一意在正途上所導致的危險。他決意要在心中只保持善良的想法，他要提高警覺，讓言語與行動都要具有利他的目的。

「什麼是暴力？什麼是非暴力？」當我在達蘭薩拉採訪達賴喇嘛時，他曾經這樣問我：「非常難以釐清這兩者的差別，這牽涉到動機。如果我們的動機是真誠的，慈悲和關懷就存在我們心中，即便我們說嚴厲的話，或使用武力，這些行動也是非暴力的。但如果動機是負面的，即便是以說好話、滿臉笑容這種友好的態度表現，還有利用別人，這些都是最壞的一種暴力行為。區別就在動機。」

達賴喇嘛對以扶貧為使命的新德里會議表現出極大的興趣，他對馬修李卡德的人道主義工作印象深刻。他很高興這位法國和尚實踐了他認為關鍵的事，也就是將慈悲的感覺轉化為切實的行動。他經常稱讚那些在生活中努力有所作為的人，也敦促西藏佛教徒仿效這些人的做法。而達賴喇嘛特別高興的是，除了從事有如懲罰般的基金會日程管理工作之外，李卡德仍不中斷修行的練習。他點點頭，聽著李卡德告訴大家道：「我保持實力的方法是，一年當中會有幾個月閉關修行。我盡量在沉思冥想和人道主義行動之間保持平衡，讓兩者相輔相成。當幫助人的感覺來自內心深處時，就是真正的承諾與付出。因為你深深關心他人的福祉，自然就會承諾與付出。願意改變是非常重要的，如果你能夠加深慈悲心與同理心，你能夠有所作為的能力也會更強。」

其中一名與會者阿蒙．肯斯（Amod Kanth），從前是德里的警察，他站起來說道：「閣下，我在一九八八年創辦了一個名為帕也斯（Prayas）的組織。我們為約五萬名流浪兒童提供另類教育，並建立庇護所，為邊緣化的兒童提供醫療保健和營養。前些日子，在夜幕低垂後，總有大約五、六十個孩子迷了路或無家可歸，被帶到派出所。印度是世界第四大經濟體，但我們有百分之四十的人口生活在極度貧困之中，有六千萬名孩童沒有上學，儘管我們有免費的義務教育。」

二〇〇九年，印度議會通過了一項法案，提供六至十四歲的兒童義務教育。這是一個具有里程碑意義的決定，在此之前，印度不願意為義務教育編列預算，結果造成驚人的低識字率。現在，有超過百分之三十五的印度人仍然是文盲，官方統計數據更顯有示百分之五十的印度兒童沒有上學。

物的名字嚇到了，他也懷疑這樣的對談能否得出有意義的結論。幾個月後，我有幾天時間與他在錫金的甘托克碰面，這次他終於同意了。他的扶貧工作正好呼應了這場會議的主題，並且能與達賴喇嘛再度會面。我們彼此達成了共識。

在新德里的泰姬陵宮飯店內，午休時間之後，我立刻安排羅伊與達賴喇嘛在舞台上進行對話。我對與會者介紹他和他的赤腳學院，然後交出麥克風。

「閣下，」羅伊對達賴喇嘛說，「您可能還記得二〇一〇年六月，我們在達蘭薩拉會面時，我帶了兩位西藏阿嬤一起。您說不相信這些老婦人會成為太陽能工程師。您說太困難了，不可能。五個月後，你在德里又遇見她們。她們為您解釋如何在達蘭薩拉附近的村莊實施太陽能發電。我看到您高興到眼睛都亮了起來。」

達賴喇嘛點了點頭。他一邊聽著一邊從長袍的皺褶中掏出紙巾，擦了擦鼻子，再把紙巾仔細折疊成一個整齊的方塊，放回衣服裡。

「今天的會議非比尋常，」羅伊繼續說：「最酷的是有這麼多成就非凡的人道主義者齊聚一堂。我們當中有些人已經開始合作，計畫要幫助最窮困的人。我們不需要大量的資金才能有所作為，但要把心放在正確的位置。如果我們的心是在正確的地方，就有可能發生奇蹟。我們今早談到了魔法，透過小小的努力，小小的行動，我們希望能與您共創奇蹟。他們說，在非洲，如果你不知道一個小舉動可以造成多大的差別，那麼你就像是從沒有被蚊子咬過一樣。我們需要您的祝福。」

「當然，當然，非常好。」達賴喇嘛毫不猶豫的說：「我認為你們每個人在做的工作，就是將慈悲心轉化為行動。在這裡，有這些組織，還有在各個領域中經驗豐富的人，實在太好了，而且也很實際。貧富間有極大差距是全球性的問題，所以我們需要共同努力。因此，今天的會議非常有用，應該經常舉行。」

這時，達賴喇嘛臉上出現一抹微笑。他把手放在右耳後面，頑皮地說：「但有時我聽來自不同領域的人演講，他們說話方式給人的感覺幾乎都是：他們的工作是全世界最好的。這我可不相信。」

他揮動手指指著羅伊說：「也包括這個人。」說著，他向這個印度人鞠躬致意，並用了右手拍了拍他的膝蓋。羅伊抓住他的手，攔阻他的鞠躬。達賴喇嘛甩他的手，在一瞬間用力拍了一下羅伊的手掌。他們兩人，還有在房間裡的每個人都放聲大笑。

接著，達賴喇嘛變得嚴肅起來。「因此，我們需要所有的專家，進行更多交流，互相學粹的驚奇，在房間裡的每個人都感覺到他能量轉換。

「哦，昨天有一個小小的舉動，」他邊說著邊在面前捏起拇指和食指。「讓我真的感到很高興。」他說著用掌心摸摸胸口，然後從椅子裡探出身子。「我從機場到飯店來的時候，堵車很嚴重，途中有段時間所有車子都停下來動彈不得。這時公路旁有個小女孩，我想她只有四、五歲……」他坐在椅子上向前彎下腰，伸出手臂，手掌向下為我們比劃一下她的高度。他瞄了一眼面前矮桌上裝水的玻璃杯。「她身上帶了一個玻璃杯，向人乞討。」達賴喇嘛模仿著，假想有個玻璃杯舉在面前。「一輛車剛好在那個小女孩面前停了下來。女孩上前乞討，但什麼也沒得到。」

他停頓了一下，抓抓右邊的臉。他有一點輕微的濕疹，偶爾臉或頭會發癢，甚至當他打坐時，也會伸手搔搔癢處。

達賴喇嘛說：「以前，如果我包袱裡偶爾有些錢時，我就會給一些。但昨天，我身上什麼都沒有。於是我問我的印度聯絡官：『你有沒有錢？』他說：『有。』然後，他把錢給了小女孩，接著，我在包袱裡找到昨天在飛機上拿的巧克力。」他轉身指著就坐在我旁邊的eBay創始人皮耶．歐米亞。在前一天，皮耶．歐米亞在達蘭薩拉覲見了達賴喇嘛，他們一起搭他的私人飛機到新德里。歐米亞雙手合十，小小的一鞠躬以代表默認。

「所以我把巧克力給了女孩。呵……然後，那個孩子的臉上……」達賴喇嘛的聲音又輕又柔。我感覺到那是神聖的一刻，他的臉上有純淨的敬畏。他將雙手輕輕合十於面前，彷彿他握著一些極為脆弱和珍貴的東西。

「之後，她的母親背著另一個小孩子來了。」他繼續說：「這個小女孩面帶微笑，一臉喜悅之情。」他哽咽著重溫那一刻，彷彿又看到那個完全無辜的乞丐小女孩。他很難找到適當的話語來描述那種會面。對於這樣把私人的感覺赤裸裸地攤開在眾人面前，讓我感到有點不舒服。

「我真的覺得，至少現在我付出了一些美德，」達賴喇嘛下了結論：「我真的很開心。」

房間裡一片靜默，所有人都屏息靜坐，不願讓這樣的魔法溜走。

我想到，因為達賴喇嘛的地位崇高，他一直生活在保護層中。在十幾歲時，他就經常跑到布達拉宮高高的護欄旁，透過心愛的望遠鏡遠眺在拉薩喧囂的西藏市集。他一定很羨慕大街上那些充滿歡笑、無憂無慮的男男女女，至少遠望他們看來是如此。對於無法與他們交流溝通一事，他感到無能為力，雖然他深切關心他們的福祉，但卻無法分享他們的喜悅或痛苦，裙和傳統氈靴，朝居所的大鐵閘門深深一鞠躬。然後，他們像深深陷入恍惚之境，開始展開瘋狂的迴旋祭禮，他們狂野地拍打手臂和腿，跳著令人目眩的舞蹈，充滿活力，令人心神蕩漾。他們不時齊聲大喊：「哇！呵呵呵！」

歡迎舞蹈結束時，達賴喇嘛握著圖圖大主教和麗亞的手。在圖圖大主教八十歲生日宴會過後四個月，他從南非來到印度。在保安人員和官員的前呼後擁之下，他們慢慢走到安排在寺院門口的一排沙發旁。圖圖大主教穿著及踝的正式紫袍，大型金屬十字架垂在胸前。自從二〇〇八年，這兩位宗教領袖在美國會見之後，這是第一次達賴喇嘛邀請圖圖大主教到印度他的家中拜訪。

「我要用破英文說幾句話。」達賴喇嘛告訴圖圖大主教，大主教馬上摀住眼睛，假裝尷尬的模樣。「在人類歷史上會出現一些特殊的人物，他們帶來某些觀點、某些想法，並與許多人分享。之後他們雖然消逝，但在數世紀過後，其精神仍然長存。圖圖大主教，你的精神也將繼續存留，至少是在本世紀，這我敢肯定。在這個星球上發生很多的衝突，但我想遲早這些衝突會自行解決。只是，我這裡有種負面的感覺，」他把一隻手放在胸口說道：「政府幫不上什麼忙，只有精神領袖可以幫助消弭這些消極的情緒。」

達蘭薩拉二月份的天氣極為嚴寒，圖圖大主教剛從溫暖的南非抵達此處，顯然很不習慣。達賴喇嘛將深棕色披肩包裹在圖圖大主教的肩膀上，為了更有禦寒效果，他又在上面加了一條厚厚的白色圍巾。這位英國國教徒全身包裹在紫色、棕色和白色的波紋當中，只剩下那紅棕色的禿頭顯得十分醒目。

「閣下，在座各位美麗的、美麗的人們，」圖圖大主教說：「謝謝你。謝謝。現在我可以真正慶祝我的八十大壽。」

達賴喇嘛從沙發上站起來，彎腰鞠躬，並朝大主教鼓掌。

「這裡很冷，但麗亞，我能感覺到妳的愛的溫暖。」圖圖大主教繼續說：「我對很多人說過：達賴喇嘛是我所見過最神聖的人。我想對中國政府說：他是地球上最愛好和平的人。拜託……北京的領導人，我們求求你，求求你，讓藏族有自主權，在你的體制下有自由的保障。我們求求你了。但我們也想提醒你，這是一個具有道德的宇宙，不公、壓抑和邪惡都不可能有最終的決定權。終有一天，我們將在西藏參見達賴喇嘛。神會加速這一天的到來，我們將進入一個自由的西藏。」

然後，這兩位世上最被人愛戴的長老，手牽著手，一起到達賴喇嘛的居所共進午餐。

人生顧問195

慈悲：達賴喇嘛的人生智慧8

作者—達賴喇嘛、維克特・陳
譯者—朱衣
責任編輯—郭香君
執行企劃—張燕宜
特約編輯—汪春沂
封面設計—Poulenc
全書圖片提供—財團法人達賴喇嘛西藏宗教基金會
董事長 總經理—趙政岷
總編輯—余宜芳
副總編輯—丘美珍
出版者—時報文化出版企業股份有限公司
10803台北市和平西路三段二四〇號四樓
發行專線—（〇二）二三〇六—六八四二
讀者服務專線—〇八〇〇—二三一—七〇五
（〇二）二三〇四—七一〇三
讀者服務傳真—（〇二）二三〇四—六八五八
郵撥—一九三四四七二四時報文化出版公司
信箱—台北郵政七九～九九信箱
時報悅讀網—http://www.readingtimes.com.tw
電子郵箱—history@readingtimes.com.tw
時報出版臉書 http://www.facebook.com/readingtimes.fans
流行生活線臉書 http://www.facebook.com/ctgraphics
法律顧問—理律法律事務所 陳長文律師、李念祖律師
印刷—盈昌印刷有限公司
初版一刷—二〇一四年八月一日
定價—新台幣三二〇元
⊙行政院新聞局局版北市業字第八〇號

國家圖書館出版品預行編目（CIP）資料

慈悲：達賴喇嘛的人生智慧. 8 / 達賴喇嘛, 維克特・陳著；朱衣譯.
-- 初版. -- 臺北市：時報文化, 2014.08
面； 公分
譯自：The wisdom of compassion: stories of remarkable encounters and timeless insights
ISBN 978-957-13-6025-6（精裝）

1.達賴喇嘛十四世（Dalai Lama XIV, 1935-）2.藏傳佛教 3.佛教修持

226.965 103013440

ISBN 978-957-13-6025-6
Printed in Taiwan